HIPÉRION
ou
O EREMITA
NA GRÉCIA

O GEN | Grupo Editorial Nacional reúne as editoras Guanabara Koogan, Santos, Roca, AC Farmacêutica, Forense, Método, LTC, E.P.U. e Forense Universitária, que publicam nas áreas científica, técnica e profissional.

Essas empresas, respeitadas no mercado editorial, construíram catálogos inigualáveis, com obras que têm sido decisivas na formação acadêmica e no aperfeiçoamento de várias gerações de profissionais e de estudantes de Administração, Direito, Enfermagem, Engenharia, Fisioterapia, Medicina, Odontologia, Educação Física e muitas outras ciências, tendo se tornado sinônimo de seriedade e respeito.

Nossa missão é prover o melhor conteúdo científico e distribuí-lo de maneira flexível e conveniente, a preços justos, gerando benefícios e servindo a autores, docentes, livreiros, funcionários, colaboradores e acionistas.

Nosso comportamento ético incondicional e nossa responsabilidade social e ambiental são reforçados pela natureza educacional de nossa atividade, sem comprometer o crescimento contínuo e a rentabilidade do grupo.

Friedrich Hölderlin

HIPÉRION
OU
O EREMITA NA GRÉCIA

2ª edição

Tradução, notas e apresentação de
Marcia Sá Cavalcante Schuback

Rio de Janeiro

- A EDITORA FORENSE se responsabiliza pelos vícios do produto no que concerne à sua edição, aí compreendidas a impressão e a apresentação, a fim de possibilitar ao consumidor bem manuseá-lo e lê-lo. Os vícios relacionados à atualização da obra, aos conceitos doutrinários, às concepções ideológicas e referências indevidas são de responsabilidade do autor e/ou atualizador.
  As reclamações devem ser feitas até noventa dias a partir da compra e venda com nota fiscal (interpretação do art. 26 da Lei n. 8.078, de 11.09.1990).

- **Traduzido de:**
  HYPERION ODER DER EREMIT IN GRIECHENLAND
  Copyright © 1957. All rights reserved.

- **Hipérion ou o Eremita na Grécia**
  ISBN 978-85-309-3869-7
  Direitos exclusivos para o Brasil na língua portuguesa
  Copyright © 2012 by
  FORENSE UNIVERSITÁRIA um selo da EDITORA FORENSE LTDA.
  Uma editora integrante do GEN | Grupo Editorial Nacional
  Travessa do Ouvidor, 11 – 6º andar – 20040-040 – Rio de Janeiro – RJ
  Tel.: (0XX21) 3543-0770 – Fax: (0XX21) 3543-0896
  bilacpinto@grupogen.com.br | www.grupogen.com.br

- O titular cuja obra seja fraudulentamente reproduzida, divulgada ou de qualquer forma utilizada poderá requerer a apreensão dos exemplares reproduzidos ou a suspensão da divulgação, sem prejuízo da indenização cabível (art. 102 da Lei n. 9.610, de 19.02.1998).
  Quem vender, expuser à venda, ocultar, adquirir, distribuir, tiver em depósito ou utilizar obra ou fonograma reproduzidos com fraude, com a finalidade de vender, obter ganho, vantagem, proveito, lucro direto ou indireto, para si ou para outrem, será solidariamente responsável com o contrafator, nos termos dos artigos precedentes, respondendo como contrafatores o importador e o distribuidor em caso de reprodução no exterior (art. 104 da Lei n. 9.610/98).

  2ª edição brasileira – 2012
  Tradução, notas e apresentação de Marcia Sá Cavalcante Schuback
  As gravuras reproduzidas são de autoria de Carl Anton Joseph Rottmann (1797-1850) e pertencem ao acervo do Staatliche Graphische Samlung de Munique.

- CIP – Brasil. Catalogação-na-fonte.
  Sindicato Nacional dos Editores de Livros, RJ.

  H674h

  Hölderlin, Friedrich, 1770-1843

  Hipérion ou o Eremita na Grécia/Friedrich Hölderlin; tradução, notas e apresentação de Marcia Sá Cavalcante Schuback. – Rio de Janeiro: Forense, 2012.

  Tradução de: Hyperion oder der Eremit in Griechenland
  ISBN 978-85-309-3869-7

  1. Romance alemão. I. Schuback, Marcia Sá Cavalcante, 1957–. II. Título.

  11-8234.　　　　　　　　　　　　　　　　CDD: 833.6
  　　　　　　　　　　　　　　　　　　　　CDU: 821.112.2-3

Índice Sistemático

Nota à Segunda Edição da Tradução Brasileira VII
Apresentação: Hipérion ou quando Caminhar é Fermentar um Deus IX

Fragmento de Hipérion (*Thalia*) 1
Prefácio à Penúltima Versão do *Hipérion* 25
Hipérion ou o Eremita na Grécia 29
    Tomo I 29
    Livro I 29
    Prólogo 29
    Livro II 75
    Tomo II 127
    Livro I 128
    Livro II 163

Nota à Segunda Edição da Tradução Brasileira

A presente edição traz a tradução retrabalhada e alterada da versão de *Hipérion ou o Eremita na Grécia*, publicada em 1994 pela Editora Vozes, acrescida do Fragmento de Hipérion, primeira versão publicada por Hölderlin na revista *Thalia*, editada por Schiller, e o prefácio à penúltima versão.

Marcia Sá Cavalcante Schuback
Estocolmo, setembro de 2011

Apresentação

Hipérion ou quando Caminhar é Fermentar um Deus

A primeira notícia sobre o romance *Hipérion* data do verão de 1792, ano em que Hölderlin já se encontra no seminário de Tubinga. Um primeiro esboço o ocupou nesse período até o final do ano de 1793, embora dele não reste nenhum vestígio. Do começo de 1794 até o outono, pode-se falar da versão do romance a que Hölderlin se entregou durante sua estada em Waltershausen como preceptor do filho da senhora Von Kalb. Trata-se do célebre Fragmento de Hipérion, que Schiller publicou em sua revista *Thalia*, juntamente com o poema "Canção do Destino". De novembro de 1794 a janeiro de 1795, Hölderlin trabalha na versão metrificada do romance. De janeiro a agosto, prossegue, ainda, elaborando a *Juventude de Hipérion*. De agosto-setembro até dezembro de 1795, redige a chamada penúltima versão, retrabalhada e prosseguida de janeiro a maio de 1796. De maio a dezembro de 1796, elabora a versão conhecida como preparação para a versão definitiva. Em 1797, as edições Cotta publicam, sob a indicação de Schiller, o primeiro tomo da versão definitiva do romance e em 1799, o segundo. Em sua versão definitiva, o romance guardou o título *Hipérion ou o Eremita na Grécia*.[1]

Ao seguirmos, na correspondência de Hölderlin, a necessidade dessas várias versões, do caráter sempre infinitivo do romance, perceberemos que não se trata de mera sucessão de estágios na construção da forma e do estilo de uma temática. Como podemos ler, na célebre carta dirigida a Neuffer, em 1793, o que está em questão é "a terra incógnita no âmbito da poesia". Essa

---

1 Friedrich Hölderlin, *Sämtliche Werke*. Grosse Stuttgarter Ausgabem v. 3, Vorbemerkungen des Herausgebers, Stuttgarter: W. Kohlhammer Verlag, 1954. p. 310-311.

expressão de Neuffer é assumida por Hölderlin como a que "convém particularmente a um romance. Não obstante o suficiente número de precursores e a imensidade a se descobrir e elaborar, só poucos aportaram numa terra nova e bela. Mas eu te prometo, de maneira sagrada, que, se o todo de meu *Hipérion* não ficar três vezes melhor do que esse fragmento, então ele deve ser impiedosamente lançado ao fogo".[2] O romance define-se como um percurso à terra incógnita no âmbito da poesia, ao imenso que se abre para a descoberta e a obra que, no entanto, resguarda de algum modo o esforço dos precursores, em cada passo e tentativa rumo à "terra nova e bela". O romance é precursor por encaminhar o já conhecido para *todo* o desconhecido, o passado para *todo* o futuro. Esse não é apenas o sentido imediato do "romance de formação" que, a partir da influência de Rousseau, se desenvolve sobremaneira na Alemanha a contar do *Agaton* de Wieland e que recebeu sua forma magistral no *Os Sofrimentos do jovem Werter* e no *Anos de aprendizagem* de *Wilhelm Meister* de Goethe. É, igualmente, o sentido da própria palavra romance. Etimologicamente haurido de "Roma", "romance" indica o percurso de uma língua, a latina, em seu modo próprio de desdobrar-se, em seu destino quixotesco. Ela se desdobra gerando outras, as "neolatinas", como diz a filologia, uma pluralidade que silencia a matriz ao resguardá-la, longinquamente, como um eco a ser investigado, perseguido e, portanto, elaborado. Esse destino da língua latina se esclarece melhor se comparado, por exemplo, com a língua alemã, que mantém presente, atual e visível a sua etimologia, isto é, o de onde ela principia e começa, nunca fundando uma "outra" língua, mas somente dialetos. Enquanto a língua alemã justapõe suas palavras, assomando à forma primeva as novas elaborações, deixando visível em seu todo cada unidade, a latina se desdobra por sobreposição. Ao sobrepor, a língua latina só conta de sua matriz e primórdios escondendo-os numa outra e nova unidade, numa outra língua. O romance é o nome dessa andança própria da língua latina, o nome arcaico da língua francesa, por exemplo, enquanto o modo específico em que uma língua nova aparece como origem a ser conquistada, inovada. Não é, pois, mera coincidência que a lírica moderna nasça "trovadora" na França, seguida por todo o mundo neolatino. Nascer "trovadora", nascer buscando "encontrar" o seu de onde e o seu destino, a sua própria "terra incógnita", significa nascer contando o seu percurso, o sentido futuro de seu passado, o passar de sua destinação. Por isso, a lírica moderna é "romanceira". Ela conta desse percurso da inovação e formação da própria língua. Esse sentido de via de formação, inscrito na palavra "romance", justifica em boa parte o estranho termo "romantismo" para designar o gênero literário que graçou, justamente, na Alemanha, nessa língua que abriga um destino oposto ao das línguas românicas. Por que

---

2   Carta a Neuffer de 1793, n. 60. In: Hölderlin, op. cit., v. 6.1, p. 87.

precisamente a Alemanha assume literariamente, na Idade Moderna, esse percurso do romantismo? Em primeiro lugar, porque a Alemanha, formada por esse povo "germano", carrega a questão da origem como uma chaga aberta e exposta em toda sua concreção. Foram os latinos que nomearam esses povos de "*germani*", os "autênticos", os "nascidos dos mesmos pais", os "parentes", "irmãos", apreendendo o próprio desse povo como a questão do que é próprio e originário.[3] Em segundo lugar, porque o problema da origem determina o homem moderno na questão de sua liberdade e de seu limite. Quem é o homem, o que é o homem quando ele não mais se determina por nenhuma esfera transcendente mas apenas por si mesmo? Enquanto autodeterminação, a questão da origem passa a apresentar-se não mais como percurso de uma doação, mas como via de formação, como educação. Na passagem do termo "romance" para romantismo, cumpre-se um novo passo na apreensão da essência de todo percurso. O romantismo exprime o movimento de assumir modernamente a essência do percurso como possibilidade universal de formação e educação da humanidade. Os heróis românticos são sempre homens em formação,[4] são homens aprendendo a serem homens. Assim também parece o *Hipérion*.

    Numa carta a Neuffer, de abril de 1794, Hölderlin diz: "Ocupo-me quase unicamente com o meu romance. Acredito possuir, agora, mais unidade no que concerne ao plano. E também o empenho em adentrar ainda mais profundamente a totalidade no ser humano".[5] Numa outra, não muito distante, Hölderlin acrescenta: "Ademais acabo de voltar da região do abstrato na qual cheguei a me perder e a perder todo o meu ser".[6] Adentrar ainda mais profundamente a totalidade no ser humano é, para Hölderlin, o sentido concreto do romance, aquele que o retira da "região do abstrato". Já nesses dois pronunciamentos, pode-se depreender de que maneira Hölderlin dimensiona o "romantismo" de seu *Hipérion*, ou seja, a sua experiência do percurso e formação enquanto essência do próprio homem. Essa não se refere ao aprendizado ou educação de um indivíduo real em vistas a um indivíduo ideal, de uma humanidade concreta em vistas a uma humanidade abstrata como se pode acompanhar na maior parte dos romances de formação. Para Hölderlin, percorrer é adentrar ainda mais profundamente a totalidade no ser humano, pois nele só como fragmento e cesura se pode ser inteiro no todo da vida e do viver. O que, portanto, está em jogo nesse curso é o apa-

---

3   Cf. Tacitus, *Germania*. Lateinisch/Deutsch. Stuttgart: Philip Reclam, 1972.
4   W. Dilthey, *Das Erlebnis und die Dichtung*. Leipzig: Verlag Philipp Reclam, 1988.
5   Carta a Neuffer 1794, n. 75. In: Hölderlin, op. cit., v. 6.1, p. 110.
6   Carta a Neuffer, n. 77, *ibidem*, p. 113-114.

recer da totalidade na realidade exposta do fragmento. Com isso, pode-se observar que o "romantismo" de Hölderlin encerra um outro horizonte do que aquele "abstrato", isto é, de um escape do mundo real, concreto e existente. Em seu sentido comum, romântico se diz de alguém que não aceita a realidade como ela é, sonhando com o que ela deveria e poderia ser. Esse sentido não tem bem a ver com Hölderlin. Em jogo está a realização do homem como um aviar-se para a vida da totalidade na totalidade da vida. A essência do homem só é a essência de um percurso e formação porque ele só se realiza como homem ao abandonar a si mesmo e todos os percursos prévios para abandonar-se à "terra incógnita" da totalidade, terra ela mesma nômade. Esse sair de si a fim de abrir-se para a totalidade é que dimensiona a essência humana como "a via excêntrica que o homem, tomado em sentido universal ou em particular, percorre (...)".[7]

2. "Todos nós percorremos uma via excêntrica, e não há nenhum outro caminho possível entre a infância e a plenitude".[8] O que significa, propriamente, essa "via excêntrica"? Trata-se de um caminho, de uma via que se perfaz ao se abandonar o centro, ao se cair fora do centro. Longe de uma via retilínea, aquela em que se sabe, de antemão, de onde se parte e para onde se destina, a via excêntrica indica, fundamentalmente, um desnorteamento, um sem rumo, um descentramento. Não o que jamais teve norte, rumo e centro, mas o que precisa deixar norte, rumo e centro para encontrar-se. Trata-se de uma via que só se descobre como tal na própria viagem. É o que diz, numa outra passagem:

> O uno aventurado, o ser, no único sentido da palavra, para nós se perdeu, e tínhamos que perdê-lo ao tentar conquistá-lo. Arrancamo-nos do pacífico *hen kai pan* do mundo a fim de produzi-lo através de nós mesmos.[9]

No único sentido da palavra, ser cumpre-se numa via excêntrica, num arrancar-se da totalidade na unidade, *hen kai pan* para a ela aviar-se na conquista de nós mesmos. A via excêntrica nos situa numa existência nômade, num existir distanciando-se de si para aproximar-se do ser em si mesmo distância e diferença. O que justifica, porém, uma compreensão da existência humana como existência nômade? Num mundo sedentário, "antes de o

---

7   Friedrich Hölderlin, Fragment von Hyperion. In: Höderlin, op. cit., v. 3, p. 163.
8   Friedrich Hölderlin, Die Vorletzte Fassung. In: Hölderlin, op. cit., v. 3, p. 236. Cf. a tradução brasileira do prefácio da penúltima versão neste volume.
9   *Ibidem*.

homem ter-se domesticado, antes dos muros e da madeira morta" de uma história e cultura construídas para ficar, onde se faz possível a experiência desse fundo nômade da existência? O sedentário permanece nômade quando, para compreender, precisa caminhar. É na compreensão que a existência excêntrica e nômade do homem se cumpre, mesmo num mundo incapaz de consagrar o passado e pressentir o futuro. Hipérion não é, pois, apenas o homem no cumprimento de sua via excêntrica, mas o "homem pensador", aquele que só pode realizar a sua própria humanidade aviando-se para a vida da totalidade, no modo da compreensão. O caráter nômade da compreensão pretende indicar o que, muitas vezes, esquecemos quando falamos de via, de caminho. É que, para a compreensão assim dimensionada, ainda mais decisivo do que um simbolismo do solo é o simbolismo do céu e das estrelas. Que outra esfera pode propiciar uma existência nômade, sempre exilada de si mesma, um norte, um rumo e um centro, essas palavras do solo, do que as estrelas no céu? Por isso, Hipérion é não somente aquele que cumpre a via excêntrica da existência no modo da compreensão, mas o que caminha no alto, o que caminha sobre nós. *Hyperos*, em grego, o acima, o alto, *superus* em latim, e *ion*, o que anda e caminha.[10] Já na primeira vez em que o nome de Hipérion surge na obra de Hölderlin, precisamente no *Hino à Liberdade*, ele o canta nesse seu sentido mais próprio:

> Ao inclinardes vossas cabeças para as estrelas pálidas
> brilha Hipérion, em seu percurso heroico.[11]

Hipérion, filho de Urano e Gaia, de céu e terra, é, segundo a *Teogonia* de Hesíodo, um Titã, o pai de Hélio, Selene e Eros. É o pai do Sol, da Lua e do amor, isto é, de toda força de união. "Sim, sim, (...) teu irmão de nome, o magnífico Hipérion dos céus, é em ti". Seu nome carrega todo o simbolismo do alto, do acima como região de norteamento, orientação, visibilidade. E, desse modo, enuncia a transcendência não como uma outra região ontológica, dotada de outra dignidade e valor, mas como a visão dinâmica do caminhante, que, sem saber previamente o caminho, fazendo a experiência de sair para não mais retornar mas também para nunca chegar definitivamente, só encontra no céu os sinais de sua orientação. "Queremos nos reconhecer no céu das estrelas. E que ele seja o sinal entre mim e ti, enquanto os lábios

---

10 Quanto às etimologias de Hölderlin, cf. Rolf Züberbühler, Hölderlins Erneuerung der Sprache aus ihren Etymologischen Ursprüngen. In: *Philologische Studien und Quellen*, Heft 46, Berlin: Erich Schmidt Verlag, 1969, e o precioso estudo de Wolfgang Binder, *Hölderlins Namenssymbolik in Hölderlin Aufsätze*. Frankfurt am Main: Insel Verlag, 1970.
11 Hölderlin, op. cit., v. 1,1, p. 160.

emudecem". A possibilidade de visualizar o caminho terrestre, de encontrar suas posições de descanso e consolo, de construir as estâncias de espera e esquecimento é, no fundo nômade da existência, doação dos céus. A apreensão da terra só se faz possível na apreensão do céu. Por isso, céu e terra, em seu mútuo pertencer, indicam a essência errante da compreensão. É essa comunidade que decide o sentido radicalmente criador da poética de Hölderlin. Pois ela indica a lei de tudo o que é raiz, origem e começo, qual seja, de que todo aparecimento só se impõe, integralmente, no próprio desaparecimento. "... tudo o que é originário manifesta-se não na força originária mas sobretudo em sua fraqueza de forma que a luz da vida e o aparecimento pertencem, própria e oportunamente, à fraqueza de cada todo".[12] Essa comunidade dos contrários, essa paradoxia, que ao longo de toda a obra de Hölderlin está a ressoar no *hen diaféron heautôn*, no uno em si mesmo diverso de Heráclito, define o caráter "trágico" do fundo exílico da existência. "O significado da tragédia se deixa conceber mais facilmente no paradoxo".[13] Importante é observar que esse modo de dar-se do originário na própria fraqueza ou contrário não é por falta negativa, mas porque, na origem, "toda capacidade se reparte com justiça e igualdade", o que significa que, na origem, tudo é plenamente o que é. O caráter trágico não se refere, pois, a uma incompletude que deve ser preenchida, mas a um transbordamento da completude. Isso é o que distingue, no fundamento, o sentido grego de trágico daquele moderno.

Nunca se pode saber "para onde" a completude transborda. Pode-se apenas seguir o caminho imprevisto e inaudito de seu transbordamento. Nunca se pode saber, de antemão, como a completude da origem haverá de desdobrar-se e doar. Pode-se apenas acompanhar a multiplicidade de seus modos de instauração. Seguir, acompanhar, coapreender são os verbos da existência humana enquanto busca de seu próprio sentido. Em seu fundo trágico, a existência humana é existência em exílio, descobrindo e enunciando o seu sentido na coapreensão do que ele mesmo não é, do que o supera e excede, do para além de si mesmo, da vida da totalidade exposta como totalidade da vida. Nesses verbos estão em jogo um "não ser" e um "ser outro" que sempre circundam a existência humana, constituindo a sua circunstância. Pois o modo de ser do homem é ter de fundar, sempre de novo, os modos de seguir, acompanhar e coapreender o que o ultrapassa. No fundo trágico da existência, a grande construção é aquela dos modos de prosseguir a sua caminhada e não dos muros para evitá-la. A pergunta que se faz aos céus e às estrelas é,

---

12 Friedrich Hölderlin, *Die Bedeutung der Tragödie*, SW, v. 4.1, p. 274. Cf. na tradução brasileira *Reflexões*. Rio de Janeiro: Relume-Dumará, 1994. p. 63.
13 *Ibidem*.

portanto, aquela de "como" prosseguir. Antecedendo todo o quê e por quê, essa pergunta é o modo primordial de apreensão da comunidade dos contrários. Como o céu, a terra. Como o dia, a noite. Não se trata de comparação, pois essa só é possível no fundo das perguntas pelo quê, pelo já perpetuado e consolidado. Trata-se, ao contrário, de correspondência. Hipérion é a dicção incansável desse como correspondente. A repetição exaustiva do "como", em alemão *wie*, no eco constante de *die Weise* = modo e de seu homônimo, *der Weise* = o sábio, nos devolve à questão de nossa existência, isto é, a de como corresponder ao seu fundo. Essa é a forma mais própria do romance de inverter os períodos, antecedendo o devir ao por quê, uma vez que "o posicionamento lógico dos períodos em que ao por quê segue-se o devir, ao devir a meta, à meta o fim (...), de certo, só muito raramente se deixa usar por um poeta".[14] Nessa inversão, o poeta obedece à harmonia austera da própria vida. Anteceder o devir ao por quê, isto é, guiar-se pela pergunta do como e não pela certeza do portanto, essa é a sábia errância de Hipérion.

3. A pergunta que agora se coloca é: como se conquista um modo de existência? É, propriamente, a pergunta pelo sentido de conquista nesse fundo trágico da existência nômade do homem. Ainda no prefácio da penúltima versão do *Hipérion*, podemos ler o seguinte:

> Muitas vezes é como se para nós o mundo fosse tudo e nós nada, mas muitas vezes também é como se nós fôssemos tudo e o mundo nada. Também Hipérion dividia-se entre esses dois extremos.[15]

Entre o tudo e o nada do mundo e de nós mesmos é que Hipérion se divide. Essa divisão, entendida como a excentricidade da existência, acena para a ambiguidade do sentido de conquista que abraça os modos da existência humana. Conquistar enquanto apropriação violenta do que não nos pertence e conquistar enquanto apropriação amorosa do que nós mesmos somos. Esses são o nosso todo e o nosso nada. No primeiro caso, estamos diante de uma construção voluntária do modo de existência, que a arrebata para um fim exterior, que a revolta contra si mesma. Essa construção voluntária constitui, propriamente, o que há de mais inconcebível na existência do homem, pois exprime a vontade resistente ao próprio ser. Por que o homem é o único ente capaz de resistir a ser o que é, ou seja, conquista e devir de si mesmo? Esse extremo é, na divisão de Hipérion, o encontro com Adamas ou Alabanda,

---

14 Hölderlin, *Reflexion*, v. 4.1, p. 233. Para tradução brasileira, cf. *Reflexões*, op. cit., p. 23.
15 Hölderlin, Die Vorletzte Fassung. In: Hölderlin, op. cit., v. 3, p. 236; cf. a tradução brasileira do prefácio neste volume.

o encontro com a vontade incoercível de agir contra o próprio destino, com a vontade inconcebível de domar o destino. Alabanda, o companheiro de luta de Hipérion, que o convoca para a luta e a ação da vontade e não da vida, que o arrasta para a guerra estéril de apropriação de um passado irrecuperável, Alabanda é esse primeiro extremo de nós mesmos. Nomeado primeiramente como Adamas, o amigo que já partiu, e concretizado no personagem de Alabanda, o extremo da vontade já se explicita nesses dois nomes próprios. *Adamas*, nome grego que reúne o alfa privativo, o "não" ao radical *dam*, no latim *domare*, domar, significa etimologicamente o indomável. Alabanda é, por sua vez, o nome de uma cidade na Cária, situada à beira do Marsias, um afluente do Meandro, na costa leste de Mileto. Está semanticamente ligado ao advérbio grego *alabés*, que significa inconcebível, inapreensível. Nomes extensivos, Adamas e Alabanda, o extremo da vontade, é o inconcebível que desata todos os elos originários. "O que o força (o homem) a lutar pela própria escravidão quando poderia ser um deus?" Nesse extremo do inconcebível, estamos diante da possibilidade sempre humana de não mais se deixar comover pelo céu, de abaixar os olhos definitivamente para o solo e acreditar que só "somos por nós mesmos". Essas palavras de Alabanda que, no eco da doutrina da liberdade de Fichte, apresenta a inconcebível recusa de toda alteridade fundadora da vida, pretendem decidir a essência de todo aparecimento como necessidade da vontade do homem. É o drama da soberba da subjetividade moderna, que Hölderlin apreendeu com a radicalidade de um visionário, e que decantou em toda virtualidade no poema trágico *A Morte de Empédocles*. O que surge por necessidade – e aqui deve-se manter sempre presente o discurso final contra os alemães –, o que é obra do "deserto dos corações", só se desdobra a partir da falta e, portanto, sempre negativamente. O amor que assim emerge é "fome", e o divino, idolatria de si mesmo.

Mas a primavera, diz Hipérion, ainda surge nesse extremo. A sua vontade não é capaz de dirigir o seu "outono", pois o amor não é uma descoberta da vontade. Ao levantar os olhos para o céu, ao "contar as estrelas e nomeá-las todas com nomes", como lembra uma palavra do Salmo 147, o todo do mundo e o nada de nós mesmos se oferecem como honra dos deuses. Esse é o significado da palavra Dio-tima: *diós* = deus, *timé* = a honra. Diotima, sempre evocando a sacerdotisa de Mantineia de *O Banquete*, de Platão, pois é dela que Sócrates escuta a doutrina de Eros. Diotima, a maestrina do amor. Eros, o amor, que Parmênides disse ser o primeiro dos deuses,[16] é o modo

---

16   Parmênides, fragmento 13, *prôtiston mén érota theôn metísato pánton*, fontes Aristóteles, *Metafísica*, 984b 26-27, Platão, *O Banquete*, 178 b 11, "De todos os deuses que concebeu, Amor foi o primeiro", *Poema*

em que se honra os deuses. Assim é que Diotima, no final da última carta, esclarece seu próprio sentido: "Eu serei. Não pergunto o quê. Ser, viver, isso basta, é a honra dos deuses". Ser, viver é suficiente, é a honra dos deuses. Nessa suficiência não há por que se perguntar pelo quê ou por quê. O que está em jogo é a apropriação amorosa daquilo que nós mesmos somos, ou seja, apropriação amorosa do empenho de ser. Diotima apresenta o outro extremo, não como pretendem as interpretações "romantizadas" do romance, de uma plenitude assegurada. Diotima é o outro extremo enquanto doação de um transbordamento. Todo surgimento amoroso é um transbordamento, é filho da abundância, e nunca consolo da falta. Porque Diotima é maestrina do amor, o divino a habita como transbordamento da alegria de ser e viver, ou seja, como natureza. Em Diotima, Hölderlin pode pronunciar a base ontológica mais criadora e radical de nossa Idade Moderna, de que o divino é transbordamento, excesso, abundância. Só é possível dizer "em nós há um deus" quando se faz a experiência de que o divino é pura abundância e excesso que, por isso, se versa sobre nós. O homem não pode nem criar deuses nem matá-los e muito menos esquecê-los. Somente os deuses é que podem abandoná-lo quando ele pretende poder criá-los, matá-los, esquecê-los, em suma, quando ele os profana. O que surge do excesso, como transbordamento, surge como fonte, surge como flores. "Entre as flores", o coração de Diotima "sentia-se em casa como se fosse uma delas". Surgir como fonte e como flor é resguardar o súbito na espera de sua renovação. É levar na novidade de cada aparecimento todo o fundo de sua possibilidade. Isso é a beleza. Não só o *Hipérion* mas toda a obra de Hölderlin é um hino à beleza. Expressões como "teocracia da beleza", o magnífico pronunciamento sobre o sentido dos gregos e dos atenienses em que afirma que a religião, a filosofia, a arte e o estado são filhos da beleza, a experiência de que só na beleza pode se dar um surgimento fundador reafirmam a obra de Hölderlin como esse hino. Grande parte dos estudos consagrados à sua obra, não só os estudos literários mas também muitos dos filosóficos, assumem essa determinação originária e originadora da beleza como a estetização, caracteristicamente idealista, do pensamento. Esse tipo de juízo não passa, porém, de incompreensão. Pois aqui não está em jogo nem a estética enquanto disciplina do belo e nem o pensamento enquanto filosofia do já dado. Não se trata de hierarquia entre disciplinas ou modos consagrados de determinação da realidade. Trata-se, ao contrário, de apreender e compreender a realidade da existência a partir de seu aparecimento, de sua realização. A palavra alemã *Schönheit*, beleza, deriva-se do verbo *scheinen*, aparecer. A nossa palavra neolatina, beleza, desdobra esse sentido de apare-

---

de Parmênides. Da Natureza. Tradução de Fernando Santoro. Rio de Janeiro: UFRJ, 2009. p. 52-53.

cimento remetendo, por sua vez, ao modo radical de todo aparecer. Beleza, *bellum, ballum*, fala a partir de *bállo*, arremessar-se da própria possibilidade em tudo o que aparece. Lançar-se, arremessar-se, jogar-se caracteriza o aparecimento como o salto que só se deixa apreender como tal por aquele que é igualmente capaz de saltar. Beleza é, fundamentalmente, experiência do fundo da possibilidade de ser em tudo o que é e, assim, aparece. Somente aquele que salta por cima do dado, arremessando-se à movimentação de ser, é que pode "ver" o possível. A apropriação amorosa do que se é exige esse lançar-se, arremessar-se ao que já se é para que se possa vir a ser. Sem dúvida, aí está sempre a ressoar o célebre imperativo de Píndaro, que tanta influência exerceu sobre Hölderlin, o "venha a ser o que tu és na própria experiência".[17] Ele exprime o outro extremo do sentido de conquista, pois o assume como a apropriação de si mesmo enquanto experiência da beleza. Para Hölderlin, esse imperativo da existência humana é, por sua vez, a única condição para que os homens possam honrar os deuses.

4. Nessa lei da beleza, enquanto lei de todo aparecimento, o fundo trágico ou exílico da existência encontra os seus modos de fundação.

> Cheio de méritos, mas é poeticamente que o homem habita essa terra.[18]

Esse célebre verso de Hölderlin, que funda o pensamento de Heidegger como um *cantus firmus*, que a muitos acompanha como uma promessa de beleza, anuncia a poesia como a radicalidade do modo propriamente humano de existência. Aqui não está em jogo nenhuma forma, nenhum estilo ou prescrição de vida, mas, somente, o modo em que a humanidade do homem pode conquistar modos de existência na Terra. Esse modo dos modos, numa expressão insatisfatória, é a habitação como morada na demora de ser. Habitar, criar hábitos, instaurar vias e estâncias, restaurar na memória a possibilidade contínua da criação da vida, assim o homem é e existe. A habitação do homem é, porém, poética. Com isso se diz que nem todos os modos de habitar constituem o modo próprio do homem nessa Terra.

A habitação poética se aclara quando se parte do fundo exílico da existência. Pode-se falar de uma habitação para quem vive em exílio, para uma vida tornada estranha para si mesma? Quem vive em exílio faz constantemente a experiência de ter-se tornado um estranho na própria casa

---

17 Píndaro, *Pythiques*. Paris: Les Belles Lettres, 1977, II, Ode Pítica, p. 42 e segs.
18 Hölderlin, *In Lieblicher Bläu...*, op. cit., v. 2.1, p. 372. Cf. a versão brasileira de todo o poema no final do volume de Martin Heidegger, *Ensaios e Conferências*. Petrópolis: Editora Vozes, 2002. p. 254-259.

e de ter de aprender a fazer do estranho a sua morada. Mas o que é então habitar? Essa pergunta acompanha a visão fundadora do modo poético da habitação humana nessa Terra, e foi formulada por Hölderlin na interrogação "para que poetas no tempo da indigência?" Pois quando não mais se dá a festa da vida, quando o esforço autômato dos braços se apropriou como as fúrias de todo fazer, quando a humanidade foi abandonada pelos deuses, quando nos imbolizamos nos fatos ensurdecendo-nos para o fundo de nossa existência, para que poetas? O espírito sedentário, esse que não é mais capaz de festejar, de fazer a partir da vida e para a vida, de honrar os deuses, de obedecer ao fundo da existência, o espírito da soberba da técnica, esse não sabe o que é, para o homem, habitar. Nesse tempo da indigência, o poeta tem ainda uma missão: caminhar de terra em terra e aproximar-se, somente aproximar-se, do mistério, de um agradecimento silencioso, pois a vida ainda se cumpre na própria indigência. Para que poetas no tempo da indigência? Para aproximar-se da indigência e recebê-la como doação. Isso é o que também ensina Píndaro, como comenta justamente Hellingrath, o grande editor de Hölderlin. Para Píndaro, a tarefa do poeta é resguardar e interpretar a antiga fórmula sagrada – *fonanta sunetoisin* – cantar e cantar sempre de novo a comunidade dos contrários e, assim, não mais negligenciar a nova vida,[19] o "devir no perecer". Caminhar de terra em terra, cantar e cantar sempre de novo a comunidade dos contrários, é o modo como o espírito do homem exilado da vida do todo habita a totalidade da vida. Esse modo é uma fermentação. Seu tempo é a espera, seu espaço a mudança das estações. Hölderlin chama, muitas vezes, a poesia de vinho, de "luz escura", e o espírito, de fermento. Pois, aqui, o que surge é sempre fruto inesperado de uma maturação, é pão e vinho. O fundo nômade, exílico, da existência nada tem a ver com mera extração do já existente. Acena, bem ao contrário, para a dimensão fermentadora do cuidado, do pastoreio. Para o nômade, o nome é prenúncio, é destino. *Nomen est omen*. E a terra, a nossa incógnita.

Quanto mais indigente o tempo, mais silencioso o agradecimento, mais árduo aproximar-se, no canto e no nome, da comunidade dos contrários, mais distante o fundo correspondente da vida. Por isso, mais lutador, errante, e heroico se afigura o poeta. Não porque pretenda superar e vencer o tempo, mas porque abraça a sua indigência para deixar fermentar a esperança. Somente assim pode saltar da indigência para a vigência da alegria, do emudecimento para o canto, da terra desolada para a consagração de um deus. Esse cantar sempre de novo, esse caminhar de terra em terra, essa escuta da esperança no perigo, obedecendo à harmonia austera da vida, per-

---

19 Norbert von Hellingrath, *Hölderlin-Vermächtnis*. Munique: F. Bruckmann A. G., 1936. p. 62.

mitem o aparecimento. Numa passagem do ensaio *Sobre a Religião*, Hölderlin diz do espírito de toda fermentação que:

> Não é apenas por si mesmo e nem unicamente pelos objetos que o cercam que o homem pode fazer a experiência de que, no mundo, há mais do que um curso mecânico, de que no mundo há um espírito, um deus. Essa experiência dá-se apenas numa relação mais viva com o que o cerca, para além das necessidades imediatas.[20]

Permitir um aparecimento é a relação mais viva que o homem pode travar com o que o cerca. Essa permissão se cumpre como palavra, nome e canto. Mas palavra, nome e canto do desaparecimento, do abandono, da própria indigência. Só é possível ver que, no mundo, existe mais do que um curso mecânico, de que no mundo há espírito, isto é, a fermentação de um deus, na ausência desse deus. Esse canto trágico e heroico do poeta no tempo da indigência é, como diz Heidegger,[21] o acolhimento no mundo do aceno dos deuses. Como aceno falam os deuses porque na ausência também estão presentes. Presentes na fermentação e espera. Presentes como tempo. Nesse sentido, Hölderlin afirma tão estranhamente, nas *Observações sobre Édipo*, que deus "nada mais é do que tempo",[22] a terra incógnita da poesia.

5. O *Hipérion* de Hölderlin abriga motivos centrais de sua lírica anterior e posterior. Se a sua lírica aparece como canto de fermentação de um deus, o *Hipérion* é o percurso do fruto do tempo. Seu nome liga-se à Hespéride, a toda véspera e espera. Caminha com as cores do ocaso, na visibilidade da penumbra, pela fermentação da noite. Hipérion é o próprio pôr-se do Sol, um ocidente. Seu presente é a fermentação da unidade correspondente de passado e futuro. Enquanto experiência radical de fermento e espera, a Grécia não é, para Hölderlin, objeto de saudade, ou seja, algo que se perdeu enquanto coisa, dado ou fato. Em sua ausência, a Grécia é, ao contrário, o perder-se da luz, o desaparecer dos aparecimentos, o próprio caminho do Sol para um novo acontecimento. Em sua ausência, a Grécia é tarefa, é futuro de nós mesmos. É o que anunciam as palavras que escreveu a Böhlendorff, e que constituem, para nós, os de hoje, talvez o maior desafio de nosso sentido:

> Mas o próprio deve ser tão aprendido como o estranho. Os gregos são imprescindíveis para nós. Todavia, justo no que

---

20 Hölderlin, *Über die Religion*, op. cit., v. 4.1, p. 278. Na tradução brasileira já citada, *Reflexões*, p. 68.
21 Martin Heidegger, *Hölderlins Hymnen "Germanien" und "Der Rhein"*, GA I Abteilung, Frankfurt am Main, 1980, v. 39.
22 Friedrich Hölderlin, *Anmerkungen zum Oedipus*, op. cit., v. 5, p. 202. Na tradução brasileira já citada, *Reflexões*, p. 100.

é para nós o próprio e o nacional não podemos estabelecer com os gregos nenhuma descendência, pois, como já dissemos, o mais difícil é o livre uso do próprio.[23]

Na véspera e espera fermentadoras do próprio há que se lidar com toda impropriedade, há que se adentrar a miséria e a indigência. Por isso, Hipérion escreve a Belarmino, ao Belo Armínio, designação latina de Hermann, chefe dos queruscos, símbolo do alemão. Escreve para aquele povo que constrói e trabalha, incansavelmente, pela indigência do tempo, na profanação do sagrado, gritando para não ouvir o murmurar simples das fontes. Escreve, porém, para o futuro desse povo da indigência e da técnica, para o instante em que ele poderá saltar sobre a sua própria indigência, abandonar a soberba do necessário e abandonar-se à beleza, esse transbordamento da vida, único solo doador de existência. Belarmino, o outro alemão, o outro da indigência, o outro da profanação. Esse outro, que é futuro e tarefa, que soa no nome da Grécia, que é fermentação de um deus, é o que Hipérion experimenta como natureza. Hipérion significa o romance de uma aliteração ontológica. Natureza é beleza, a experiência de que um deus só nos acolhe por ser puro transbordamento, e que a existência exílica, errante e nômade do homem é a experiência de devir num perecer. É a provocação de viver com o "sem" e sem o "com".

6. A tradução do Fragmento do Hipérion, do Prefácio à Penúltima Versão e da versão definitiva do *Hipérion ou o Eremita na Grécia* foi feita com base na edição da obra completa de Hölderlin, editada por Friedrich Beissner.

O primeiro editor de Hölderlin, Norbert von Hellingrath, que realizou o primeiro grande trabalho de reunião, seleção, organização dos textos segundo o coração da lírica de Hölderlin, costumava referir-se à poesia de Hölderlin como fundamento de uma "harmonia austera". Por harmonia austera, entendia a harmonia que acompanha uma simplicidade de fonte: súbito aparecer no disseminar de si mesmo. As inversões de períodos, o uso do vocativo e do imperativo para corresponder à harmonia austera da vida, as anáforas e aliterações sempre dos sentidos fundadores e nunca recursivos ou formais, o ritmo dos períodos longos e sincopados são alguns dos pontos cardeais dessa harmonia a que o tradutor deve se ater, não tanto para reproduzi-los mas, sobretudo, para deixá-los aparecer nos pontos mesmos em que a tradução se depara com as dificuldades e com a própria impossibilidade de traduzir. A tarefa do tradutor deve ser aqui de se deixar abalar pelo coração intrépido da poética do Hipérion e, nesse abalo, abalar as tendências da própria língua de maneira a forçar a língua tradutora para um

---

23   Carta a Böhlendorff de 1801, n. 236. In: Hölderlin, op. cit., v. 6.1, p. 426; para a tradução brasileira, cf. *Reflexões*, p. 132.

exílio de si mesma, para um estranhamento que não é contudo o mesmo que germanizar o português ou aportuguesar o alemão. A tarefa é traduzir desde o abalo provocado pela vida errante de Hipérion e assim dizer em língua abalada e embargada, por vezes na estranheza, por vezes na familiaridade, o estranho do vir à palavra poética o devir num perecer. Traduzir é, nessa experiência, ele mesmo um devir no perecer, dizer no não saber e não poder dizer. Assim, a tradução deixa aparecer uma língua entre as línguas, uma língua do entredizer, ao mesmo tempo familiar e estranha, tanto para a língua que se traduz como para a língua à qual se traduz.

A tradução aqui apresentada é uma reelaboração da versão publicada em 1994 pela Editora Vozes. Nesse meio-tempo, foi publicada no Brasil a tradução bonita e cuidadosa de Erlon José Paschoal, pela editora Nova Alexandria.[24] A beleza única do *Hipérion* de Hölderlin e a sua importância não só para a compreensão da sua obra mas para a elaboração de questões tão urgentes do pensamento contemporâneo, dentre outras a da relação entre filosofia e poesia, pensamento e criação, existência humana e vida do todo da e na natureza, justificam sem dúvida que uma obra de tamanha força poética seja sempre de novo traduzida e investigada. A razão, no entanto, para apresentar ao público de língua portuguesa mais uma vez essa versão reelaborada de minha tradução anterior reside na necessidade de deixar soar em português o "caráter elegíaco", na expressão do próprio Hölderlin, desse romance poético. Por "caráter elegíaco", Hölderlin entende a poética de um "devir no perecer", aludindo ao título de um de seus ensaios, ou seja, a poética de um aproximar-se da distância que separa e une terra e céu, homem e deuses, o não saber dizer e o que não se deixa dizer, a aurora e o ocaso, o aparecer e o desaparecer. O "caráter elegíaco" aparece na tonalidade de distância, que expõe o presente como proximidade de um distanciamento de si mesmo, como simultaneidade trágica de passado e futuro no presente. Daí o tom sempre distante e embargado do *Hipérion*, que impede de torná-lo um diário de viagem ou uma confissão interior. Daí o tom do estranho, atravessando a língua materna, essa língua de hábitos velando a própria língua, e trazendo a língua original para uma dissincronia consigo mesma, deixando soar como antepassado o que ainda não se passou e como ainda não nascido o que de há muito veio ao mundo. Para corresponder ao "caráter elegíaco" do romance assim entendido, ao *pathos* da distância que o estrutura e atravessa, insisti em manter o "tu" como pronome de tratamento e não adotar o "você", salientando assim o tom de estranheza e distância, no tempo e no espaço, amalgamado nessa forma de tratamento. O desafio foi corresponder ao

---

24 Friedrich Hölderlin, *Hipérion ou o Eremita na Grécia*. Tradução de Erlon José Paschoal. São Paulo: Nova Alexandria, 2003.

tom de distanciamento do *Hipérion* sem distanciar demais e cair na artificialidade de arcaísmos eruditos, e sem aproximar demais e cair na artimanha de modernizações por demais facilitadoras. Em questão está encontrar uma tonalidade ou "afinação" capaz de manter-se próxima da distância (de Hipérion, da língua alemã, da própria existência, da natureza, do dizer da poesia) e ao mesmo tempo distante do mais próximo (a busca de Hipérion, a língua portuguesa, a própria existência, a natureza, o dizer da poesia). Para enfatizar o "caráter elegíaco" do romance, que pronuncia o nome Grécia como o lugar sem lugar dessa tensão de proximidade e distância estruturando o fundo exílico da existência humana, a presente edição traz algumas gravuras do pintor alemão Carl Rottmann (1797-1850), célebre por suas paisagens míticas e heroicas, sobretudo, ligadas a motivos da Grécia antiga. Gostaria de agradecer à historiadora da arte Heinke Fabritius, que muito auxiliou na obtenção dos direitos para a publicação das gravuras na presente edição. As gravuras aqui selecionadas correspondem às publicadas em 1921 na edição do *Hipérion ou o Eremita na Grécia* pela editora G. Hirth's, de Munique, introdutora e divulgadora do *Jugendstil*.[25] Nessas gravuras, Rottmann faz aparecer a Grécia como paisagem de pedras, linhas e traços, articulando as medidas precisas da geomancia de um devir no perecer.

Com várias traduções em nossa língua, com extratos de alguns textos de preparação do romance, com os textos teóricos de Hölderlin anteriormente traduzidos e publicados,[26] com a conversa tradutora entre palavra e imagen, o leitor contará assim com a possibilidade de ler e reler o *Hipérion*, de retomar sempre e de maneira nova esse romance da experiência do inacabado da vida do dizer na busca de dizer o inominável da vida e do viver.

Marcia Sá Cavalcante Schuback

Estocolmo, setembro de 2011

---

25 Friedrich Hölderlin, *Hyperion oder der Eremit in Griechenland*. G. Hirth's Verlag: Munique, 1921.
26 Friedrich Hölderlin, *Reflexões*. Rio de Janeiro: Relume-Dumará, 1994.

Fragmento de Hipérion (*Thalia*)

Existem dois ideais de nossa existência: um estado de mais elevada simplicidade, onde, *pela simples organização da natureza* e sem darmos nenhuma contribuição, nossas necessidades concordam mutuamente consigo mesmas, com nossas forças e com tudo com o que nos relacionamos; e um estado da mais elevada formação cultural, onde, *pela organização que nós mesmos somos capazes de conferir*, seria possível encontrar a mesma concordância, não obstante as necessidades e as forças serem infinitamente mais multifacetadas e fortes. A via excêntrica que o homem, tomado em sentido universal ou em particular, percorre de um ponto (da simplicidade mais ou menos pura) a outro (da formação cultural mais ou menos plena) parece sempre igual, *em suas direções essenciais*.

As cartas das quais foram extraídas as que aqui se seguem propõem-se apresentar algumas dessas direções e também algumas possíveis correções.

O homem quer muito ser em tudo e ser acima de tudo, e a máxima, que se encontra no epitáfio de Loiola, *non coerceri maximo, contineri tamen a minimo*,[1] pode tanto designar o lado perigoso do homem, esse de tudo cobiçar e tudo querer dominar, como o estado mais elevado e belo que consegue alcançar. Em que sentido essa máxima deve ser tomada, isso cabe a cada um decidir por sua livre vontade.

---

1 Divino é não se limitar pelo máximo, mas conter-se no mínimo.

Zante

Quero voltar agora para a minha Jônia: em vão, deixei minha terra natal e busquei a verdade.

Como palavras poderiam satisfazer minha alma sedenta?

Por toda parte encontrei palavras, nuvens e nenhuma Juno.

Como a morte, odeio todas essas meias-coisas, miseráveis misturas de algo e de nada. Toda minha alma se revolta contra o inessencial.

O que para mim não é tudo e eternamente tudo para mim é nada.

Meu Belarmino! Onde encontrar o uno, que nos concede repouso, repouso? Onde ressoa em nós a melodia de nosso coração nos dias bem-aventurados da infância?

Ah! Outrora a busquei na confraternização entre os homens. Para mim era como se a pobreza de nosso ser tivesse de se tornar riqueza, como se bastasse que um par desses pobres coitados se tornasse um só coração, uma vida indivisível, como se toda a dor de nossa existência consistisse apenas na separação do que se pertence.

Com alegria e melancolia lembrava como todo meu ser só desejava capturar um sorriso amoroso, como me entregava e abandonava à primeira sombra de amor. Ah! Quantas vezes acreditei ter encontrado o inominável, que deveria tornar-se meu, meu, por ter ousado perder-me no amado! Quantas vezes acreditei ter encontrado a permuta sagrada, exigindo então, exigindo, e aí estava o pobre ser, abandonado, tocado, muitas vezes também agressivo – claro, ele queria só o efêmero, nada tão sério!

Fui um rapaz cego, caro Belarmino! Queria comprar pérolas de mendigos mais pobres do que eu, tão pobres, tão mergulhados em sua miséria que nem mesmo sabiam como eram pobres, sentindo prazer na lama com a qual se adornavam.

Contudo, as mais variadas ilusões abateram-me de modo inexprimível.

Acreditei realmente sucumbir. É uma dor sem igual, uma sensação contínua de aniquilamento, quando a existência perde assim inteiramente o seu sentido. Um desânimo inconcebível me arrebentava. Não ousava abrir os olhos diante dos homens. Temia o riso de uma criança, que tantas vezes me deixara calmo e paciente. Muitas vezes também mantinha uma superstição maravilhosa quanto ao poder curativo de algumas coisas. De uma coisinha adquirida, de uma travessia de barco, de um vale escondido por uma montanha, podia surpreender-me esperando secretamente a revelação esperada.

Com o ânimo também minhas forças desapareceram visivelmente.

Esforçava-me por recompor os escombros de antigos pensamentos: o espírito vivo havia envelhecido; sentia como se a sua luz celeste, que mal acabara de despertar para mim, escurecesse pouco a pouco.

Na verdade, quando parecia que o último resto de minha existência perdida estava em jogo, quando meu orgulho se inflamava, via-me imbuído de atividade intensa, e a onipotência de um desesperado tomava conta de mim. Ou, quando a natureza murcha e indigente lançava uma gota de alegria, jogava-me violentamente entre os homens, falava como um possuído, sentindo por vezes em meus olhos as lágrimas dos felizes; ou, quando o pensamento ou a imagem de um herói de novo brilhava na noite da minha alma, enchia-me de admiração, alegrava-me como se um deus tivesse voltado para essa região desolada, e era como se um mundo se formasse dentro de mim. Mas, quanto mais intensamente as forças adormecidas despertavam, mais elas sucumbiam, e a natureza insatisfeita retraía-se com dor redobrada.

Feliz aquele, Belarmino!, feliz aquele que conseguiu passar essa prova de fogo do coração, que aprendeu a compreender o suspirar das criaturas e o sentimento do paraíso perdido. Quanto mais alto a natureza se eleva sobre o animal, maior o perigo de definhar na terra da transitoriedade!

Uma coisa, porém, ainda tenho para compartilhar contigo, coração fraterno!

Quando estivemos juntos nos escombros da antiga Roma, temi algumas recordações. Nosso espírito se descarrilha tão fácil de sua via! E quantas vezes não devemos deixar escapar o sopro de uma folha para não perturbá-la em sua calma ocupação!

Agora até consigo de vez em quando brincar com os espíritos das horas passadas.

A primavera, minha velha amiga, surpreendeu-me em minha escuridão. Antes era capaz de pressenti-la de longe, quando os ramos rijos se exaltavam e um sopro ameno tocava minha face. Antes esperava que ela abrandasse todo sofrimento. Mas esperar e suspeitar haviam paulatinamente desaparecido de minha alma.

E eis que de repente ela estava ali com toda sua glória e juventude.

Parecia que podia novamente me alegrar. Abria minha janela e me vestia como se fosse a uma festa. O estrangeiro celeste também chegara para me visitar.

Via como tudo culminava no livre, no mar amistoso de Esmirna e de suas cidades. Esperanças maravilhosas despertavam dentro de mim. Também fui para fora.

Toda a força da natureza explodia. Quase todas as faces se mostravam adoráveis; por toda parte, ria-se abertamente, e onde antes se saudava com solenidade agora davam-se as mãos. A primavera doce e adorável tudo rejuvenescia e entusiasmava.

O porto tremulava de barcos exultantes. Coroas de flores balançavam, e o vinho de Quios ardia. As folhas de mirta entoavam melodias felizes. Dança e jogo habitavam os ulmos e plátanos.

Ah! Eu queria mais do que isso. Isso não conseguia salvar da morte. Involuntariamente perdido em meu desconsolo, cheguei ao jardim de Gorgonda Notara, meu conhecido.

Um barulho vindo da rua ao lado me perturbou.

Ah! – no meio desse sentimento dolorido de minha solidão, com esse coração sangrado e vazio de alegria – ela apareceu para mim; maravilhosa e sagrada, estava ali, diante de mim, como uma sacerdotisa do amor, como que tecida de luz e odor, tão meiga e espiritual. Sobre o sorriso cheio de paz e dons celestes, seus olhos grandes e cheios de entusiasmo regiam com majestade de um deus e como nuvenzinhas à luz da manhã, os cachos dourados ondeavam a sua fronte, movidos pelo vento primaveril.

Meu Belarmino! Se conseguisse compartilhar contigo inteira e vivamente o indizível que se abateu então sobre mim! – Onde estavam agora os sofrimentos de minha vida, sua noite e pobreza? Toda a mortalidade indigente?

De certo, um tal instante de liberação é o que a natureza inesgotável possui de mais elevado e bem-aventurado! Ele compensa as eras de nossa vida vegetativa! Minha vida na terra estava morta, o tempo não existia mais. Liberado e propriamente ressuscitado, o meu espírito pressentia o seu parentesco e a sua origem.

Passaram-se anos. Primaveras vieram e se foram. Alguma imagem adorável da natureza, algumas relíquias da tua Itália, surgidas da fantasia celeste, alegravam meus olhos; mas o tempo apagou quase tudo; só restou a sua imagem, e tudo o que a ela estava ligado. Ela ainda estava aí diante de mim como a havia encontrado naquele instante sagrado; pressiono sobre meu peito ardente o doce fantasma; escuto a sua voz, o sussurro de sua harpa; como uma Arcádia pacífica, onde grãos e brotos se mexem no ar eternamente calmo, onde o mormaço do meio-dia amadurece a colheita e deixa crescer as vinhas doces, onde nenhum medo ameaça a terra segura, onde nada se sabe a não ser da primavera eterna da terra, do céu sem nuvens e de seu Sol e estrelas amistosas, assim encontra-se aberto diante de mim o sagrado de seu coração e de seu espírito.

Melita! Ó, Melita! Ser celeste!

Como gostaria de saber se ela ainda pensa em mim! Ela talvez se queixe de mim. Em algum período da existência eterna, ainda haverei de encontrá-la. De certo! Os que são aparentados não podem escapar eternamente um do outro.

Ah! O deus em nós é sempre só e pobre. Onde ele haverá de encontrar os seus semelhantes? Os que já existiram e que ainda haverão de existir? Quando deve acontecer o grande reencontro dos espíritos? Pois alguma vez já fomos, acredito, todos próximos.

Boa noite, Belarmino, boa noite!

Amanhã meu conto será mais calmo.

Zante

Jamais poderei esquecer a tarde daquele dia de meus dias, com tudo o que minha embriaguez ainda deixava ver. Foi para mim o mais belo que a primavera da terra, o céu e sua luz puderam conceder. Como uma glória do sagrado, ela envolvia a púrpura do crepúsculo, e as nuvenzinhas ternas e douradas do éter sorriam como gênios celestes alegrando-se com a sua irmã na Terra; ela caminhava entre nós com espírito adorável, e como era bondosa e amiga de tudo o que a cercava.

Tudo corria para ela. Tudo parecia compartilhar de seu ser. Um sentido novo e terno, uma tristeza doce, aproximava-se de todos sem que ninguém soubesse o que estava acontecendo.

Sem perguntar, percebi que ela vinha da margem do Pactolo, um vale do Tmolo, para onde seu pai, um homem extraordinário que muito sofria com a atual situação dos gregos, havia partido após deixar Esmirna, para lá cultivar a sua tristeza obscura; a sua mãe, outrora flor da Jônia, era parente de Gorgonda Notara.

Notara nos havia pedido para passar com ele a noite sob as suas árvores, e, na sintonia em que então nos encontrávamos, ninguém pensou em se separar dos demais.

Vida e espírito cresciam pouco a pouco entre nós. Falamos muito sobre a magnífica infância da antiga Jônia, sobre Safo e

Alceu, sobre Anacreonte e, particularmente, Homero. Sobre o seu túmulo em Nio, uma grota incrustada nos rochedos da proximidade, à margem do Meles, onde o magnífico e de certo muitos outros devem ter passado horas de encantamento; como as árvores amigáveis do jardim perto de nós, com suas flores espalhadas pelo sopro da primavera, os brotos choviam na terra, e assim nossos ânimos se partilhavam entre si. Cada um do seu jeito, e mesmo os mais pobres, tinha o que oferecer. Melita pronunciava palavras celestiais, sem artifícios, sem segundas intenções, com sagrada simplicidade. Muitas vezes, ouvindo-a falar, vinham em minha mente as imagens do Dédalo, que, segundo Pausânias, guardam em sua simplicidade algo de divino.

Passava muito tempo sentado em silêncio, saboreando a beleza celeste que, como raios de luz matutina, penetrava o meu interior chamando para a vida o germe fenecido de meu ser.

Falava-se por fim dos milagres da amizade, dos Dióscuros, de Aquiles e Pátroclo, da falange espartana, de todos os amantes e amados que surgiram e desapareceram no mundo, inseparáveis como as luzes imortais do céu.

Então acordava: "seria melhor não falar sobre isso", dizia com voz exaltada.

Indigentes que somos! Tanto esplendor nos aniquila. Houve sem dúvida dias áureos em que se praticava a troca de armas, em que se amava até a morte, onde o culto do amor e da beleza produzia crianças imortais, atos de amor à pátria, cantos celestes, palavras de sabedoria eterna. Ah! esse tempo em que o sacerdote egípcio recriminava Sólon dizendo: "vós, gregos, sereis sempre crianças!" Mas nós nos tornamos grisalhos, mais espertos do que todos esses mortos maravilhosos. Só é pena que tanta força definhe nesse elemento estranho!

"Esqueça isso, Hipérion, ao menos hoje!", gritava Notara, e eu lhe dava razão.

Melita me lançava um olhar tão honesto e grande. Quem não teria tudo esquecido?

No caminho para a cidade, andei ao lado dela. Pressionava com força o meu braço sobre meu coração palpitante. Dominei o tumulto que se apossara de mim para conseguir falar.

Ó, Belarmino! Como eu a compreendia, e como ela se alegrava com isso! Uma simples palavra saída distraidamente de sua boca despertava em mim todo um mundo de pensamentos. Aliando assim tão silenciosamente o pensamento e a palavra, o espírito triunfava verdadeiramente sobre tudo o que é pequeno e mesquinho.

Separamo-nos diante da casa de Notara. Eu saí de mim, delirava de alegria, gargalhava sobre os sentimentos mesquinhos de meu coração nos dias passados e olhava com orgulho sem nome para minhas dores antigas.

Mas, ao voltar para casa, diante das janelas abertas e de minhas flores, em parte apodrecidas, em parte tornadas selvagens, voltei os olhos para as ruínas da cidade de Esmirna, de pé diante de mim na luz difusa, e como tudo me pareceu tão estranho!

Muitas vezes, sem conseguir dormir no meu leito solitário, levantava-me à meia-noite para tomar como testemunhas de meu desespero as ruínas e os fantasmas de uma época mais afortunada!

Agora, a primavera de meu coração havia retornado. Havia conseguido o que buscava. Eu o havia encontrado na graça celeste de Melita. Em mim, o dia despertava. Sublime, ela havia arrancado do túmulo o meu espírito.

Mas o que eu era era por ela. Sua bondade se regojizava da luz que brilhava em mim sem sonhar que isso nada mais era do que o reflexo da sua luz. Compreendi rapidamente que haveria de me tornar menos do que uma sombra tão logo ela parasse de viver em mim, em torno de mim, para mim, tão logo ela não fosse mais minha, e que estaria reduzido a nada se ela partisse. Não poderia ser de outra forma. Nessa angústia mortal, devia então examinar e observar cuidadosamente todas as suas atitudes, todas as suas palavras, seguir o seu olhar, como se a vida me abandonasse tão logo eles se virassem para a terra ou para o céu. Ah! Deus! Pensar que cada um dos sorrisos de sua paz, cada uma de suas palavras celestes que me diziam como o seu coração, o seu coração a preenchia, deviam ser para mim igualmente mensageiros fúnebres; pensar que deveria me invadir o desespero de sentir que a maravilha de meu amor era tão maravilhosa que nada tinha a ver comigo! Que essa alma santa me perdoe! Quantas vezes amaldiçoei a hora em que a encontrei. Quantas vezes meu espírito delirante queixou-se por essa criatura celeste ter-me chamado de volta para a vida e me avassalado com a sua altura. Como algo tão inumano pode irromper na alma humana?

De Pirgo, na Moreia

O sono e o desassossego e outras estranhas sensações, que em parte se formavam em mim e desapareciam, não me permitiram dizer o que queria compartilhar contigo. Ainda tive, não obstante, dias belos. Deixava então meu interior governar à vontade, sonhar ou meditar, ficando a maior parte do tempo ao ar livre, e as colinas e vales sagrados da Moreia sintonizavam de maneira bem amigável com os tons mais puros de minha alma.

Tudo deve vir como vem. Tudo é bom. Deveria deixar o passado dormir. Não fomos criados para o singular e o limitado, não é mesmo, Belarmino? Se em mim não cresceu nenhuma Arcádia, é porque a indigência que em mim vive e pensa deveria espalhar-se e abraçar o infinito.

E também quero, e como quero!, abolir a transitoriedade que sobre nós se abate como fardo e se ri de nosso amor sagrado. E, como quem foi enterrado vivo, meu espírito se revolta contra as trevas que o retêm cativo.

Queria contar. Ainda quero. Nada de fora consegue distrair minhas recordações; mar e terra adormecem no ar pesado do meio-dia, e até a fonte que antes murmurava sob meus pés está seca. Nenhum ar sopra entre os galhos. Por vezes escuto um leve gemido da terra, quando o raio ardente rasga o chão. Mas isso não incomoda. Os ciprestes que choram sobre mim também dão bastante sombra.

O anoitecer quando dela parti confundiu-se com a noite: e a noite com o dia; mas não para mim. Na minha vida não tinha mais sono ou despertar; só havia o sonhar com ela, um sonho bem-aventurado mas cheio de dor; uma luta entre a angústia e o desespero. Por fim, voltei para ela.

Senti pavor ao vê-la diante de mim, de pé, tão diferente de minha desordem interna, tão tranquila e radiante na autossuficiência daqueles que habitam o céu. Senti-me perturbado e sem voz. Meu espírito havia me abandonado.

Não acredito que percebesse como, pelos seus dons celestes, ela parecia tão distraída de tudo o que se passava à sua volta.

Ela se esforçava por me trazer de volta para onde havíamos ficado na noite anterior. Por fim, aqui e ali despertava em mim um pensamento, que aos dela se juntava com alegria.

Ela não sabia quantas coisas infinitas dizia e como a sua imagem se tornava exaltante e magnífica quando o teor elevado de seus pensamentos manifestava-se em sua fronte e a nobreza de seu espírito se unia à graça de seu coração inocente, cheio de amor pelas coisas. Era como se o Sol surgisse no éter amigável, ou como se um deus descesse para misturar-se com um povo inocente, quando o que se sustenta em si mesmo, o sagrado, torna-se visível perto de sua graça.

Enquanto estava ao seu lado e sua presença entusiasmante me elevava por sobre a miséria humana, esquecia das preocupações e dos desejos de meu coração indigente. Mas, tão logo me afastava, algo inevitável segredava dentro de mim, lamentando-se dentro de mim: ela não te ama. Revoltava-me e lutava. Mas meu tormento não me deixava. Meu desassossego crescia dia a dia. Quanto mais poderosa e elevada brilhava sobre mim a luz do seu ser, mais a minha alma via-se sombria e arisca.

Por fim, parecia que ela começara a me evitar. Decidi também nunca mais vê-la, e, na realidade, sob tormentos inomináveis, fui contra o meu coração e deixei de visitá-la por uns dias.

Foi então que, voltando dos ermos do Corax para onde havia partido, encontrei Notara e sua esposa. Disseram que haviam sido convidados para visitar uns vizinhos parentes e que estariam de volta à noite. Melita tinha ficado na casa deles com a pia intenção de escrever a seu pai e a sua mãe.

Todos os meus desejos reprimidos despertaram de novo. Tentei logo me recompor dizendo à tempestade, em mim irrompida, que justamente hoje não queria vê-la. Só que passei em frente à sua casa, trêmulo e com a cabeça vazia de pensamentos como se meditasse um crime. Obriguei-me então a voltar para a minha casa, fechei a porta, tirei a roupa, abri após hesitar durante algum tempo o *Ajax Mastigophoros*,[2] sobre ele me debruçando. Mas meu espírito não conseguia guardar uma sílaba sequer. Para onde quer que olhasse, era sempre ela que meus olhos viam. O mínimo barulho de passos me distraía. Sem o querer e mesmo sem pensar, recitava à meia-voz os farrapos de frases que havia ouvido de sua boca. Quantas vezes não lhe estendi os braços para logo recuar quando ela me aparecia.

Acabei considerando odioso meu delírio e sonhava seriamente em arrancar pela raiz esse desejo mortífero. Mas meu espírito não era capaz disso. Parecia que falsos demônios me assaltavam oferecendo-me fórmulas encantadas que haveriam de arruinar-me inteiramente com seus arsênicos infernais.

Esgotado por esse terrível combate, acabei por terra. Meus olhos se fecharam, meu peito batia mais suave e, tal como um arco-íris no final de uma tempestade, sua figura celeste reapareceu diante de mim.

A paz sagrada de seu coração, que por instantes ela me comunicava com suas palavras e expressões fazendo com que eu me sentisse devolvido ao paraíso perdido da infância, sua modéstia cheio de pudor em nada profanar com escárnio ou seriedade arrogantes, que só bem de longe se aparentam ao belo e ao bom, seu apreço simples, seu espírito cheio de ideais

---

2   Tragédia de Sófocles.

elevados, e sobre o qual a sua vida repousava com tamanha leveza a ponto de nada buscar e nada temer nesse mundo – todas as noites caras e profundas que com ela passei, sua voz, o jogo de seus dedos sobre as cordas, todo o charme de seus movimentos que, onde estivesse e por onde passasse, definiam somente a ela, e a sua bondade e grandeza; ah! tudo isso e ainda mais estava de novo agora tão vivo dentro de mim.

E era com essa criatura celeste que me enfurecia? E por que eu me enfurecia com ela? Por não ser indigente como eu, por ainda trazer o céu no coração e não ter se perdido de si como eu, por não precisar como eu dos outros, por não necessitar de riqueza alheia para povoar o próprio deserto, por não temer como eu perecer e nem precisar apoiar-se sobre outros pelo peso de meu medo de morrer; ah!, precisamente o que nela era mais divino, essa paz, essa suficiência celeste, era o que eu havia carregado com meu desânimo; o seu paraíso era o que eu havia invejado com a baixeza de minha cólera. Deveria ela haver-se com uma criatura tão vil? Não deveria ela fugir? Sem dúvida. O seu gênio devia tê-la prevenido contra mim.

Tudo isso perpassava minha alma como uma espada.

Queria tornar-me outro. Oh! Queria tornar-me como ela. Já ouvia da sua boca a palavra celeste do perdão e sentia como as suas mil delícias já me regeneravam.

Corri então para ela. Mas a cada passo sentia-me mais inquieto. Quando entrei, ela empalideceu. Perdi totalmente o prumo. E o nosso duplo silêncio, por mais breve que tenha sido, pareceu-me tão doloroso que tive de tentar rompê-lo a todo custo.

"Tive de vir, eu lhe disse. Eu devia isso a ti, Melita!" A moderação de meu tom parecia tranquilizá-la, mas isso não a impediu de perguntar, com um pouco de surpresa na voz, por que *tinha* de vir.

"Tantas coisas para me perdoares, Melita!", exclamei.

"Mas não cometeste nenhuma falta".

Ó Melita, como essa tua bondade me castiga! Meu desânimo não pode ter passado despercebido de ti.

"Mas nada disso me ofendeu, Hipérion, pois tu não o desejavas! Do contrário teria dito. Sofri por ti. Como gostaria de conseguir dar-te algum alento. Quantas vezes quis implorar-te para ficares mais calmo. Em teus bons momentos, és tão diferente! Confesso que temo por ti quando te vejo assim tão sombrio e agitado. Deixarás isso de lado, não é verdade, bom Hipérion?"

Não consegui pronunciar uma só palavra. Sem dúvida, tu, irmão de minha alma, podes adivinhar o que me aconteceu. Ah! O tanto que era celeste a magia com que ela me dizia isso, o tanto era inexprimível a minha dor.

Pensei, muitas vezes, ela continuou, de onde vem a tua estranheza. Parece-me um doloroso enigma que um espírito como o teu se dilacere com tamanho grau de sofrimento. Houve, sem dúvida, um tempo em que ignoravas essas inquietações. Não te lembras? Se me fosse possível devolver a ti essa celebração silenciosa, essa sagrada paz interior onde se pode ouvir mesmo o mais leve apelo vindo das profundezas do espírito, onde as mais ínfimas solicitações de fora, do céu, dos galhos, das flores, se tornam novamente perceptíveis – não saberia exprimir o que tantas vezes senti diante da natureza divina, e tudo o que vem da terra silenciava dentro de mim – e o invisível ficava tão próximo de nós...

Ela se calou e parecia confusa como se tivesse traído um segredo.

"Hipérion", ela recomeçou, "há sobre ti um poder, eu sei. Diz ao teu coração que é em vão buscar fora de si a paz quando não se é capaz de primeiro dar paz a si mesmo. Sempre venerei esse pensamento que guardo de meu pai, um pensamento que, como ele diz, é fruto de seus sofrimentos. Conceda, portanto, essa paz e sê feliz. Tu o farás. Esse será meu primeiro pedido. Não me podes recusá-lo".

"Tudo o que quiseres, como quiseres, anjo do céu!" – exclamei, tomando, sem me dar conta, a sua mão e a pressionando com toda força contra o meu coração.

Como que subitamente arrancada de um sonho, ela se afastou com toda delicadeza, e a majestade de seu olhar me aniquilou.

"Deves te tornar um outro", ela exclamou de maneira mais enfática do que habitualmente. Fiquei desesperado. Senti como era pequeno e lutei em vão para me recuperar. Como cheguei a esse ponto! Como as almas vulgares, buscara ali consolo para o meu nada, rebaixando a grandeza, blasfemando o céu... É uma dor sem igual, Belarmino, expor assim uma mancha tão vergonhosa. Ela quer se liberar de ti, foi o que pensei, só isso! "Sim, eu quero me tornar outro". Foi o que lamentavelmente consegui extrair em meio a um sorriso forçado e me apressei para sair logo dali.

Como que levado por espíritos malignos, corri para a floresta, errando para lá e para cá até cair na grama seca.

Como um interminável deserto apavorante, o passado se colocava diante de mim e, devastado por uma tristeza infernal, aniquilava o resto do que outrora meu coração havia recriado e reanimado.

Com um riso de escárnio furioso condenava a mim e a tudo mais, escutando com prazer o tenebroso eco e o urrar dos chacais, que de todas as partes me penetravam durante a noite, fazendo bem para minha alma arrebentada.

Um silêncio abafado e terrível seguia essas horas aniquiladoras, um verdadeiro silêncio de morte. Não buscava mais nenhuma salvação. Não atentava a mais nada. Era como um animal na mão do abatedor.

"Também ela, também ela!" Esse foi o primeiro som que, depois de muito tempo, me veio aos lábios, e as lágrimas encheram-me os olhos.

"Ela não sabe fazer de outro modo; ela não pode dar o que não possui, a tua pobreza, o teu amor!" Eis o que também acabei me dizendo. Pouco a pouco fui me tornando tranquilo e sábio como uma criança. De certo não queria buscar mais nada, mas somente deixar-me levar de um dia para o outro, o melhor possível; para mim não havia mais nada, nem sequer exigia de mim tornar-me um outro, e havia instantes em que parecia possível ver a Única e nada desejar.

Vivi assim durante algum tempo, até o belo dia em que Notara, chegando em minha casa acompanhado de um jovem tiniote, reclamou de meu estranho retiro e me pediu para encontrá-lo no dia seguinte, à noitinha, na gruta de Homero. A intenção era discutir o projeto querido ao tiniote, ligado de toda a sua alma à Grécia antiga, de partir para visitar as costas da Eólia e da antiga Trôade; me faria bem, ele acrescentou, acompanhar seu amigo; ele também se lembrou que um dia eu havia expressado o desejo de visitar essa parte da Ásia Menor. O tiniote se juntou ao seu pedido, o que logo acolhi como teria acolhido qualquer coisa, ademais, com docilidade apática.

O dia seguinte decorreu com os preparativos da viagem e, no final da tarde, Adamas, como se chamava o tiniote, veio me buscar para irmos à gruta.

Não era de se admirar (comecei para não dar espaço a outros pensamentos, após termos caminhado, sob mirtas e plátanos, ao longo do Meles) que as cidades tenham disputado a honra de terem abrigado o nascimento de Homero. É um pensamento sedutor imaginar uma criança bonita brincando no seu túmulo e recebendo ali as primeiras impressões que haveriam de desenvolver um gênio potente e magnífico.

Tens razão, ele respondeu, e vós, cidadãos de Esmirna, não deveis vos deixar tomar pela alegria dessa crença. Aos meus olhos, essas águas e essas costas são sagradas. Quem sabe da parte que essa terra, esse mar e esse céu tiveram na imortalidade do Meônide?! O olho intrépido da criança recolhe pressentimentos e emoções da contemplação do mundo, frente às quais se envergonhariam muitas das descobertas realizadas pela elevada luta do espírito do homem maduro.

Ele continuava a falar nesse tom quando Notara, Melita e alguns outros entraram.

Eu me contive. Dela consegui me aproximar sem que se pudesse observar dentro de mim nenhuma alteração. Foi bom não me ter abandonado imediatamente.

Ela também sofreu. Era visível. Mas com grandeza infinitamente maior!

Seu coração havia se refugiado nas regiões do bom e do verdadeiro. Uma dor silenciosa que nela antes jamais havia visto moderava os alegres movimentos de seu rosto; mas não de seu espírito. Esse, em sua paz inalterável, se irradiava do olhar celeste, e a sua melancolia a ele aderia como a um consolo divino.

Adamas retomava a fala de onde havia sido interrompido; Melita participava; de vez quando eu também dizia algumas palavras.

Chegamos então à gruta de Homero.

Da rocha ouviam-se acordes tristonhos que acompanharam nossa entrada; o tocar das cordas caía sobre mim como chuva quente, na primavera, sobre a terra morta. Dentro, na penumbra mágica da gruta, onde a luz penetrava através das aberturas da rocha por entre folhas e galhos, um busto de mármore do aedo sorria para seus piedosos descendentes.

Sentamo-nos ao seu redor como menores o fazem em torno do pai e líamos alguns cantos da *Ilíada*, escolhido ao nosso bom grado, pois com ela estávamos bem familiarizados.

Cantamos uma nênia fúnebre, que abalou meu íntimo, sobre a sombra do cego tão amado e do seu tempo. Todos ficaram profundamente comovidos. Melita olhava quase que fixamente o busto, as lágrimas da melancolia e do entusiasmo faziam brilhar os seus olhos.

Tudo ficou em silêncio. Não dizíamos nenhuma palavra, não nos tocávamos e nem nos olhávamos, tanto os nossos corações pareciam neste momento presos em sua harmonia, tanto o que vivia em nós parecia exceder toda palavra e expressão.

Era o sentimento do passado, a celebração fúnebre do que foi uma vez.

Enrubescida, Melita inclinou-se sobre Notara e murmurou-lhe alguma coisa no ouvido.

Notara sorriu, cheio de alegria pela doce criatura, tomou a tesoura que ela lhe estendeu, cortou um cacho de seus cabelos.

Compreendi o seu sentido e imitei o seu gesto sem dizer nenhuma palavra.

"Quem mais além de ti?", perguntou o tiniote elevando seu cacho à altura do busto.

Tocados pela nossa gravidade, também os outros fizeram a sua oferenda.

Melita juntou os demais ao seu, arramou-os e os colocou no busto enquanto nós outros cantávamos mais uma vez a nênia fúnebre.

Tudo isso só conseguiu retirar-me como um cacho da calma em que havia me refugiado. Meus olhos demoraram-se novamente sobre ela, e o amor e o sofrimento de novo me tomaram com violência ainda maior do que nunca.

Esforcei-me em vão para me conter. Tive de me afastar. Minha tristeza era realmente sem limites. Desci à beira do Meles, lancei-me nas suas encostas e chorei alto. Repetia por vezes seu nome em voz baixa, e meu sofrimento parecia acalmar-se. Mas isso só servia para trazê-lo de volta com força ainda maior. Ah! Não encontrava mais refúgio em nenhum lugar do mundo. Estar perto ou longe dela, de quem amei sem nome e a quem atormentei de maneira tão sem nome, inexprimível e vergonhosa, não fazia mais diferença. Num caso ou no outro era o inferno. Eu não podia abandoná-la mas tampouco ficar perto dela.

No meio desse tumulto, ouvi um ruído vindo das mirtas. Estremeci – era Melita.

Ela deve ter certamente sentido terror ao ver um ser tão destruído diante de si.

Em meu desespero, precipitei-me para ela, torcendo minhas mãos e implorando de sua bondade só uma, uma palavra apenas. Com lágrimas celestes, ela me implorou enfim para que eu descobrisse a parte forte e nobre de meu ser como ela a conhecia, de voltar os meus olhos para o que havia de livre, indomável e divino em todas as coisas e, portanto, também em mim – pois o que não provém dessa fonte conduz à morte –, e o que dela provém para depois a ela retornar é eterno; o que une indigência e miséria não é mais durável do que a própria indigência. Mas o que se une para o único e no único que é grande, sagrado, inabalável, essa união deve durar eternamente como o próprio eterno de onde ela surge e sobre o qual ela repousa; ela teve de interromper aqui. Os outros chegaram. Teria sacrificado, neste instante, mil vidas para escutá-la até o final. Nunca a escutei até o fim. Talvez sob as estrelas a escutaria.

Perto da gruta, para a qual havíamos retornado, ela começou a falar sobre a minha viagem e me pediu para saudar, de sua parte, as margens do Escamandro, as descidas da Ida e toda a região da antiga Troia. Eu lhe implorei para nunca mais dizer qualquer palavra sobre essa viagem tão odiosa, e pretendia mesmo suplicar a Adamas para me liberar dessa minha promessa. Melita usou, porém, de toda a sua graça para me dissuadir; ela tinha certeza de que só essa viagem poderia instaurar entre nós paz e alegria; era como se vida e morte dependessem dessa separação temporária; ela chegou a me confessar que não sabia com clareza por que insistia tanto em me suplicar isso, mas que devia fazê-lo, nem que lhe custasse a vida.

Eu a olhei com espanto e não disse nada. Parecia-me estar ouvindo a sacerdotisa de Dodona. Estava decidido a partir, mesmo se isso tivesse de custar minha vida. Já tinha ficado escuro e as estrelas surgiam no céu.

A gruta estava iluminada. Nuvens e incenso exalavam do interior da rocha e, após algumas breves dissonâncias, a música irrompeu com júbilo solene.

Cantamos em cantos sagrados o que perdura, o que sobrevive em mil formas metamorfoseadas, o que foi, é e será, a indissolubilidade dos espíritos e como eles são sempre um desde o começo, por mais que a noite e as nuvens os separem;

e todos os olhares emocionavam-se ao pensar nesses laços e nessa imortalidade.

Tinha me tornado inteiramente outro. Deixai passar o que passa, exclamei para o grupo exaltado, pois passa para retornar, envelhece para rejuvenescer, separa-se para se unir ainda mais intimamente, perece para viver uma vida ainda mais viva!"

"Assim", prosseguiu o tiniote um pouco depois, "é que os pressentimentos da infância devem se evanescer para ressurgirem como verdade no espírito do homem maduro. Assim fenecem as belas mirtas do mundo antigo, as poesias de Homero e de seus contemporâneos, as profecias e as visões, mas o seu germe surge como fruto maduro no outono. A simplicidade e a inocência dos primeiros tempos morrem para reaparecerem na formação cultural plena, e a paz sagrada do paraíso sucumbe a fim de que o dom da natureza possa florescer novamente, como o próprio conquistado pelo homem".

"Maravilha! Maravilha!", exclamou Notara.

"Mas o perfeito só aparecerá numa terra distante", disse Melita, "na terra do reencontro e da eterna juventude. Aqui permanece o crepúsculo. Mas em outro lugar a aurora sagrada sem dúvida nasce para nós; pensar isso me dá alegria; lá, na grande reunião de tudo o que é separado, haveremos todos de nos reencontrar".

Melita estava extraordinariamente comovida. Falamos muito pouco na volta. Diante da casa de Notara, ela tomou a minha mão: "Adeus, bom Hipérion!" Essas foram suas últimas palavras, e assim desapareceu.

"Adeus, Melita! Não tenho o direito de pensar muito em ti, pois devo proteger-me dos sofrimentos e mesmo das alegrias da recordação. Sou como uma planta doente que não suporta mais o sol. Adeus também a ti, Belarmino! Terás agora conseguido te aproximar do templo da verdade? Se pudesse ser como tu e buscar com calma!"

Ah! Mas se conseguisse isso só uma vez, então tudo seria diferente. A correnteza do transitório avança profundamente sob os nossos pés com os seus escombros e despojos, e nada nos faz mais suspirar do que o gemido dos que foram engolidos ao tentarem alcançar as alturas silenciosas do verdadeiro e eterno.

De Castri no Parnasso

Mais uma vez sobre o presente! Mais uma vez também sobre a minha viagem com Adamas! Particularmente inesquecível foi para mim a noite de nossa despedida, quando à margem da antiga Ilion, entre colinas de túmulos, erigidas talvez por Aquiles e Pátroclo, por Antíloco e Ajax Têlamo, falávamos da Grécia passada e futura e de tantas outras coisas que do fundo iam e vinham para o fundo de nosso ser.

A despedida cordial de Melita, o espírito de Adamas, as fantasias e pensamentos heroicos que como estrelas surgiam da noite, dos túmulos e das ruínas do mundo antigo, a força secreta da natureza que para nós se exprime por toda parte onde a luz e a terra, o mar e o céu nos circundam, tudo isso me fortaleceu, de maneira que algo mais do que esse coração miserável pulsava dentro de mim. Melita ficará contente contigo!, repetia para mim mesmo em segredo e com profunda alegria, e mil esperanças áureas juntavam-se a esses pensamentos. Mas por vezes uma angústia particular me estreitava de novo o peito, e me perguntava se haveria de revê-la; julgando, porém, que essa ideia não passava de um resíduo de minha antiga existência sombria, eu a afugentava de meu espírito.

No cabo de Sigeu consegui um barco à vela com destino a Esmirna e fiquei feliz de voltar pelo mar, passando por Tenedos e Lesbos.

Aportamos sem pressa no porto de Esmirna. Na paz suave da noite, peregrinavam sobre nós os heróis de constelações estreladas. As ondas do mar quase não se engolfavam à luz do luar. Mas minha alma não estava tão calma. Pela manhã, um sono leve me tomou. Os cachos alegres de andorinhas e o barulho no porto me despertaram. Com todas as suas esperanças, meu coração saudou a costa amistosa de minha terra e a luz da manhã, que despontava sobre o cimo ainda velado de Pagos e sua antiga cidadela, sobre os minaretes das mesquitas e cerrados de cipestres sombrios; sorri confidente para as pequenas casas nas encostas, com suas janelas iluminadas por trás das oliveiras e das palmeiras, à semelhança de castelos encantados.

Alegre, o vento soprava os cachos do meu cabelo. Alegre, as pequenas ondas saltitavam impelindo o barco para as margens.

Via tudo isso, sentia tudo isso e sorria.

É bonito quando o doente não pressente quando a morte já tomou o seu coração.

Do porto, corri para a morada de Notara. Melita já tinha ido embora. Notara me disse que, sob as ordens do pai, ela havia sido levada não se sabia para onde. Seu pai tinha deixado a região do Tmolo, e ele desconhecia tanto o seu domicílio atual como a razão de sua partida. Melita provavelmente tampouco sabia. No dia da partida, ela não disse quase nada, embora lhe tenha pedido para me saudar.

Era como se tivesse ouvido minha sentença de morte. Sentia-me no entanto inteiramente calmo. Fui para casa, organizei pequenas coisas necessárias e exteriormente estava inteiro como os demais. Evitei tudo o que podia lembrar-me o passado; mantinha-me distante tanto do jardim de Notara como das costas do Meles. Fugia de tudo o que pudesse me emocionar, e o que me era indiferente tornava-se ainda mais indiferente. *Distanciamento do mundo dos vivos* era a única coisa que buscava. Passava meus dias e noites meditando sobre os admiráveis produtos do gênio profundo da Grécia antiga. Fugia para o distanciamento do mundo dos vivos em que eles também se encontravam. Pouco a pouco, o que se punha diante dos olhos das pessoas tornara-se de tal modo estranho que comecei a ver tudo isso com espanto. Muitas vezes, ouvindo uma voz humana, era como se alguém me colocasse em fuga para uma terra estranha, e sentia-me como um fantasma que, tendo-se demorado depois da meia-noite, de repente, ouvia o canto do galo.

Durante todo esse tempo, jamais saí. Mas o meu coração ainda batia com jovialidade: a mãe de toda a vida, o amor inconcebível, ainda não estava morto dentro de mim.

Movido por uma saudade incompreensível, eu saí.

Era um dia calmo de outono. Sentia a maravilha do ar suave, como ele acariciava as folhas murchas para que elas ainda pudessem se demorar um pouco mais no tronco maternal.

Um círculo de plátanos, de onde se podia ver o mar por entre os rochedos da encosta, continuava para mim sempre sagrado.

Lá me sentei e passeei ao redor.

Anoiteceu, e não se ouvia um ruído sequer.

Foi lá que me tornei o que hoje sou. Das profundezas da terra e do mar, o coração desse bosque parecia me exortar a perguntar: por que não me amas?

Desde então, não me foi mais possível pensar como antes. O mundo tornara-se para mim mais sagrado, mas também mais misterioso. Pensamentos novos, abalando o meu íntimo, ardiam em minha alma. Não conseguia retê-los e nem sobre eles meditar com calma.

Deixei minha terra para encontrar a verdade no além-mar.

Como o meu coração se encheu de grandes esperanças juvenis!

Não encontrei nada além de ti. Eu te digo, meu Belarmino. Também não encontraste nada além de mim.

Não somos nada; o que buscamos é tudo.

No Cítaron

Ainda tenho pressentimentos, mas nada encontro.

Interrogo as estrelas e elas permanecem mudas. Interrogo o dia e a noite, mas eles não respondem. De mim mesmo, se me interrogo, entoam apenas sentenças místicas, sonhos sem interpretação.

Meu coração costuma sentir-se bem nesse ocaso. Não sei o que acontece comigo quando olho para essa natureza sem fundo, sem porquê; mas são lágrimas sagradas e abençoadas as que choro diante da amada envolta no véu. Todo o meu ser se cala e espreita o soprar suave e misterioso da tarde em mim. Perdido no azul imenso, ora levanto os olhos para o éter, ora os abaixo para o mar sagrado; e é como se os portais do invisível se abrissem diante de mim e eu desaparecesse junto com tudo à minha volta até que um sussurro nos arbustos me desperte da morte abençoada e, contra a minha vontade, me chame novamente para o lugar de onde parti.

Meu coração costuma sentir-se bem nesse ocaso. Será esse ocaso, esse crepúsculo, o nosso elemento? E por que não consigo encontrar aí repouso?

Vi então um menino dormindo na estrada. A mãe o havia coberto cuidadosamente com uma manta para que dormisse suave na sombra sem ser ofuscado pelo sol. Mas o menino não queria ficar quieto e arrancava de si a manta; e eu vi como ele tentava olhar para a luz amistosa, como tentava e tentava até os olhos lhe arderem e ele, chorando, virar o rosto para a terra.

Pobre menino! Pensei: outros não se sairão melhor, e estava a ponto de não mais prestar atenção a essas curiosidades. Mas não posso! Não devo!

O grande mistério que me dá a vida ou a morte deve aparecer.

Prefácio à Penúltima Versão do *Hipérion*

Desde a mais tenra juventude tenho preferido viver sobretudo na costa da Jônia, da Ática e das belas ilhas do arquipélago. Aos meus sonhos mais caros pertence o de peregrinar em algum momento até o túmulo sagrado da humanidade jovial.

A Grécia foi o meu primeiro amor, e não sei se devo dizer que será o último.

A esse amor sou grato também por esse pouco que me é próprio e que se tornou meu, tempo espaçoso, antes mesmo de saber que outros parecem ter se enriquecido de modo semelhante e de modo ainda mais feliz do que eu.

Esperava talvez ainda poder conquistar um amigo, e foi assim que me decidi compartilhar esse pouco.

Não queria de modo algum que fosse original. Originalidade é para nós novidade. Mas nada me é mais caro do que o que é tão antigo como o mundo.

Originalidade é para mim intimidade intensa,[1] profundidade de coração e de espírito. Mas disso parece que, ao me-

---

1   A palavra usada aqui por Hölderlin é *Innigkeit*. Trata-se de um conceito fundamental na poética de Hölderlin, e que ele busca distinguir de *Innerlichkeit*, que traduzimos por interioridade. *Innigkeit* indica uma experiência de intensidade e intimidade com o dar-se da vida e do viver, onde o coração e o espírito aparecem não como expressões da subjetividade do homem mas como o modo em que a vida e o viver expõem o homem para ele mesmo.

nos na arte, muitos poucos querem saber: e se outros não se tornam vitoriosos, então, o gosto que prevalece é esse mais recente de se falar da natureza como o belo esquivando-se dos homens e de tratar sua matéria como um jurado e relator. Com isso aprende-se no fim das contas que era uma lebre e não um outro animal que corria num caminho, e é com isso que devemos nos satisfazer. Seria, no entanto, um grande equívoco pensar que falo aqui dos homens justos que nos tornam presente os belos detalhes da natureza com amor tão inconfundível.

Voltando a essas minhas cartas, peço que essa primeira parte seja vista apenas como premissas necessárias. Espero que elas possam responder às possíveis reclamações sobre a falta de uma ação exterior e satisfazer talvez um pouco o que pode ser considerado sem plano e não natural. O que pode agradar em casos particulares não pode agradar como um todo, e vice-versa.

Algo de incompreensível, de meio verdadeiro, de falso, pode também ser encontrado nessas cartas. É bem possível que esse *Hipérion* cause irritação com suas errâncias e contradições, suas forças e fraquezas, com sua ira e seu amor. Mas a ira deve aparecer.

Todos nós percorremos uma via excêntrica e, entre a infância e a plenitude, não há nenhum outro caminho possível.

O uno aventurado, o ser, no único sentido da palavra, para nós se perdeu, e deveríamos perdê-lo ao tentar conquistá-lo. Arrancamo-nos do pacífico *hen kai pan*[2] do mundo a fim de produzi-lo através de nós mesmos. Decaímos com a natureza, e o que outrora, como se pode acreditar, foi uno, agora se contradiz. Soberania e escravidão alternam-se de um lado e de outro. Muitas vezes é como se para nós o mundo fosse tudo, e nós nada, mas muitas vezes também é como se nós fôssemos tudo e o mundo nada. Também *Hipérion* dividia-se entre esses dois extremos.

Colocar um fim nessa eterna contradição entre nós mesmos e o mundo, restabelecer a paz de toda paz, essa que é

---

2 Uno e todo, em grego no original.

mais elevada do que toda razão, nos reunindo com a natureza em um todo infinitamente uno, eis a meta de todo nosso empenho, quer o compreendamos ou não.

Contudo, nem nosso saber nem nossa ação conseguem alcançar, em algum período da existência, o fim dessa contradição, esse lugar onde tudo é um; é somente numa aproximação infinita que a linha determinada se une com a indeterminada.

Tampouco teríamos o menor pressentimento dessa paz infinita, desse ser, no único sentido da palavra, tampouco poderíamos ansiar por essa união com a natureza, não haveríamos de pensar ou agir, nada poderia ser, (para nós) nós mesmos não seríamos nada, (para nós) se essa união infinita, se esse ser, no único sentido da palavra, não nos fosse dado. Ele se nos dá – como beleza – e aguarda, para falar com Hipérion, um novo reino onde a beleza seja rainha.

Creio que ao final todos haveremos de dizer: Santo Platão, perdoa-nos! Contra ti pecou-se gravemente.

O editor

Hipérion ou o Eremita na Grécia

TOMO I

*Non coerceri maximo, contineri minimo, divinum est.*¹

Livro I

PRÓLOGO

Gostaria de prometer a este livro o amor dos alemães. Temo, porém, que alguns o haverão de ler como um compêndio, atentando em demasia ao *fabula docet*, enquanto outros só chegarão a apreendê-lo com superficialidade: em ambos os casos, ninguém o compreenderá.

---

1   **N.T.:** Divino é não se limitar pelo máximo, mas conter-se no mínimo. Trata-se de um lema atribuído a Inácio de Loyola, e que está gravado em seu epitáfio. A passagem completa diz: *"Cuius animus vastissimo coerceri non potuit unius orbis ambitu, eius corpus humili hoc angustoque tumulo continentur. Qui magnum aut Pompeium aut Caesarem aut Alexandrum cogitas, aperi oculos veritati: maiorem his omnibus leges Ignatium. Non coerceri maximo, contineri tamen a minimo divinum est".*
"Aquele cujo espírito não pode ser limitado pelo âmbito vasto de uma órbita tem seu corpo contido nesse humilde e estreito túmulo. Tu que consideras grande Pompeu, César e Alexandre, abre teus olhos para a verdade: colocarás Inácio acima de todos eles. Divino é não se limitar pelo máximo, mas conter-se no mínimo".

Aquele que toma minhas plantas meramente para sentir-lhes o odor não as conhece, e nem aquele que as colhe para estudar-lhes o teor.

A resolução das dissonâncias em um certo caráter não é tarefa para mera reflexão e nem para o prazer vazio.

O cenário onde a história se passou não é novo, e confesso já ter sido bastante ingênuo ao tentar modificar o livro nesse aspecto. Convenci-me no entanto de ser esse o único cenário adequado ao caráter elegíaco de Hipérion. E senti vergonha por ter-me deixado seduzir tanto pelo provável julgamento do público.

Lamento que por agora ainda não seja possível avaliar o plano da obra. Mas o segundo tomo deverá seguir o mais rápido possível.

Hipérion ou o Eremita na Grécia 31

Korinth von Westen/Corinto vista da parte oeste, Staatliche Graphische Sammlung.

Livro I

HIPÉRION A BELARMINO

O solo amado da terra natal traz-me novamente alegria e sofrimento.

Todas as manhãs encontro-me no alto do istmo de Corinto e, como as abelhas nas flores, minha alma vagueia entre os mares que, à direita e à esquerda, refrescam os sopés de minhas esplendorosas montanhas.

Um dos dois golfos particularmente teria me alegrado tanto se aqui me tivesse detido um milênio atrás.

Como um semideus vitorioso, entre o encanto selvagem de Hélicon e de Parnasso, onde a aurora abraça centenas de cumes recobertos de neve, e entre o prado paradisíaco de Sícion, onde o golfo radiante adentra a cidade da alegria, flutuava a jovem Corinto, entregando à sua favorita a riqueza capturada de todos os confins da Terra.

Mas como isso me concerne? O grito do chacal, elevando sob os escombros da Antiguidade seu canto selvagem e tumular, arrancou-me de meus sonhos.

Feliz o homem que possui uma pátria em flor para fortalecer e alegrar seu coração. Comigo, porém, ao me interpelarem o destino, é como se tivesse sido lançado num pântano, como se me tivessem deitado a tampa do ataúde e, quando alguém me chama de grego, é como se a coleira de um cão me estrangulasse a garganta.

E vê, meu Belarmino! E quando, por vezes, uma palavra me escapava, quando mesmo na ira uma lágrima vertia-se de meus olhos, acorriam então os doutos senhores, aparições tão frequentes entre vós, alemães, esses miseráveis que só necessitam de um ânimo sofrido para ditar suas máximas e, fazendo-se de bondosos, dizer-me: não te lamentes, age!

Ó, se jamais tivesse agido! De quantas esperanças não estaria mais rico!

Sim, mas, coração atormentado, carente e de mil modos enfurecido, esquece que os homens existem e retorna para o lugar de onde vieste, para os braços da natureza, a imutável, serena e bela.

Hipérion a Belarmino

Nada possuo que me permita dizer: isso é meu próprio.

Distantes e mortos encontram-se meus amados. Deles nada mais escuto por voz alguma.

Minha tarefa na Terra já terminou. Cheio de vontade parti para o trabalho, sangrei e não enriqueci o mundo de um centavo sequer.

Sem fama e sozinho retorno. Andarilho em minha terra natal que, como um jardim dos mortos, se espraia ao meu redor. À minha espera, encontra-se talvez a faca do caçador, cujo prazer é cercar a nós gregos como a uma caça selvagem na floresta.[2]

Mas ainda brilhas, sol do céu! Ainda verdejas, terra sagrada! Os rios ainda murmuram em direção ao mar, e as árvores com suas sombras elevam-se como colunas ao meio-dia. O delicioso canto da primavera embala e adormece meus pensamentos mortais. A plenitude do mundo todo vivo nutre e satisfaz com embriaguez meu ser faminto.

Natureza, bem-aventurada! Não sei o que em mim se passa quando meu olhar se eleva ao teu belo, mas todo o prazer do

---

[2] **N.T.:** Selvagem e floresta traduzem uma bonita aliteração da língua alemã: *Wild* = selvagem e *Wald* = floresta. Como as demais aliterações tão frequentes na poesia de Hölderlin, essa é também uma aliteração etimológica, ou seja, que indica uma experiência fundadora de começo. O selvagem de toda floresta é a sua infinita retração frente a todo controle, a toda tentativa de ordenação e fixação de sentido.

céu encontra-se nas lágrimas que verso diante de ti, o amante diante da amada.

Todo meu ser silencia e escuta a terna onda do vento tocar-me o peito. Perdido no azul vasto, volto muitas vezes a olhar, lá no alto, para o éter e, cá em baixo, para o mar sagrado. E, em mim, é como se um espírito fraterno abrisse-me os braços e a dor da solidão se dissipasse na vida do divino.

Ser um com tudo, essa é a vida do divino, esse, o céu do homem.

Ser um com tudo o que vive, retornando, num venturoso esquecimento de si mesmo, ao tudo da natureza, esse é o alto dos pensamentos e da alegria, o cimo sagrado da montanha, o lugar do descanso eterno, em que o meio-dia perde seu calor entorpecente, o trovão, a sua voz e o mar em ebulição assemelha-se às ondas de um trigal.

Ser um com tudo o que vive! Com essas palavras a virtude despe-se da armadura enrijecida, o espírito humano perde o cetro, e todos os pensamentos desaparecem diante da imagem do mundo eterno-uno, como os embates do artista pela regra desaparecem diante de sua Urânia.[3] E o destino metálico abdica do controle, a morte desprende-se do círculo das criaturas e inseparabilidade e eterna juventude abençoam, embelezam o mundo.

Nesse alto encontro-me com frequência, meu Belarmino! Um só instante de meditação, porém, me lança para baixo. Penso e vejo-me então como era antes, sozinho, com todas as dores da mortalidade, e o asilo de meu coração, o mundo eterno-uno, me abandona: a natureza fecha seus braços e ponho-me de pé, diante dela, como um estranho, e não a compreendo.[4]

---

3   **N.T.:** A Vênus Urânia é descrita por Hölderlin também em outros poemas como a segurança firme que ajuda o homem inseguro e em busca, aparecendo como a primeira e última das Musas (cf. o poema "Gesang des Deutschen" – Canto do Alemão).

4   **N.T.:** Pôr-se de pé e compreender buscam reproduzir uma derivação aliterada entre os verbos *stehen* = estar, colocar-se de pé e *verstehen* = literalmente, pôr-se de pé diante de... e, assim, compreender.

Ah! Se jamais tivesse frequentado vossas escolas. A ciência que segui até o fundo do poço, da qual esperei, jovem estúpido, a confirmação de minha pura alegria, corrompeu tudo em mim.

Junto a vós, tornei-me tão reto e prudente, aprendi a me distinguir fundamentalmente do que me cerca e envolve, e eis que me vejo tão isolado num belo mundo, tão deslocado do jardim da natureza, aquele em que cresci e floresci, ressecando ao Sol do meio-dia.

Quando sonha, o homem é um deus, mas quando reflete, um mendigo. E, quando a admiração lhe atravessa, ele ali põe-se de pé, como um filho desgarrado, expulso da casa paterna, a olhar o pobre centavo que a compaixão atirou em seu caminho.

Hipérion a Belarmino

Agradeço por me teres pedido para contar de mim, por me devolveres à memória os tempos passados.

Isso também levou-me de volta à Grécia e devolveu-me a vontade de viver mais perto dos jogos de minha juventude.

Como um trabalhador que mergulha no sono reparador, meu ser atormentado cai muitas vezes nos braços do passado inocente.

Repouso da infância! Repouso dos céus! Quantas vezes me assereno diante de ti em estado de observação amorosa, e desejo pensar em ti! Sim, mas só possuímos conceitos do que alguma vez já foi ruim e novamente se fez bom; da infância, da inocência, não temos conceito algum.

Porque era ainda uma criança serena e nada sabia de tudo o que nos cerca, não era assim mais do que agora sou, depois de todas as penas do coração, de todas essas ponderações e embates?

Sim! A criança é um ser divino enquanto não afunda na cor de camaleão própria dos homens.

Ela é inteiramente o que é, sendo tão bela por isso.

A força da lei e do destino não a toca. Na criança, há liberdade apenas.

Nela, há paz; ela ainda não se dividiu dentro de si mesma. Nela, há riqueza. Conhece o seu coração mas não a indigência da vida. É imortal, pois nada sabe da morte.

Mas isso os homens não podem suportar. É preciso que o divino se assemelhe a algo seu, que faça a experiência de que eles aí também se encontrem, e, antes que a própria natureza o expulse de seu paraíso, os homens o adulam e o lançam no campo da maldição, a fim de que também o divino trabalhe, como eles, com o suor do próprio rosto.

Belo, porém, é igualmente o tempo do amadurecer, desde que não nos despertem inoportunamente.

Ó! Há dias sagrados em que nosso coração exercita, pela primeira vez, suas asas, em que nos erguemos no mundo magnífico pela força de um crescimento rápido e ardente, como as plantas jovens que se abrem para o Sol da manhã e os pequenos braços que se alçam para o céu infinito.

Como peregrinei pelas montanhas e pela costa marítima! Ah, quantas vezes, ali, nas alturas de Tinos, sentei-me com coração palpitante e via falcões e grous, navios alegres e audaciosos desaparecerem lá embaixo no horizonte! Lá embaixo! Pensei, por lá também já caminhaste e senti-me como um enfermo ardente em febre que se precipita no banho refrescante, versando sobre a fronte a espuma da água.

Ofegante voltei para a minha casa. Se esses anos de aprendizagem já tivessem passado, assim pensava tantas vezes.

Bom jovem! Ainda falta muito para esses anos passarem.

Que em sua juventude o homem se acredite tão perto do alvo! Essa é a mais bela de todas as ilusões com que a natureza consola a fraqueza de nosso ser.

E as tantas vezes em que me deitava entre as flores, tomando Sol à doce luz da primavera, e admirava o azul fascinante que envolvia a terra quente, quando me sentava entre olmos e prados, no seio da montanha, após uma chuva reconfortante, quando os galhos ainda se mexiam pelos toques do céu e sobre a floresta gotejante moviam-se nuvens áureas, ou quando a estrela vespertina surgia cheia de espírito livre juntamente com os antigos discípulos, os últimos heróis do céu, e via então como neles a vida prosseguia numa ordem eterna e apaziguada pelo éter, e a calma do mundo me abraçava e alegrava a ponto de eu atentar e ouvir, sem saber, o que me estava acontecendo... Bondoso pai do céu, perguntava sorrateiramente, será que tu me amas? E sentia no coração a sua resposta tão segura e aventurada.

Ó tu, a quem clamava, como se estivesse sobre as estrelas, a quem chamava de criador do céu e da Terra, ídolo amigo de minha infância, não haverás de ficar furioso se eu te esquecer! Por que o mundo não é suficientemente pobre para buscar fora de si ainda um outro?[5]

Ó, se a natureza maravilhosa é filha de um pai, não será o coração da filha o seu próprio coração? O que ela possui de mais interior não é Ele? Mas será que o possuo? Será que o conheço?

Era como se o visse, mas eis que de novo me assusto como se tivesse visto minha própria figura. Era como se o sentisse, o espírito do mundo, mas acordo achando que estava segurando meu próprio dedo.

Hipérion a Belarmino

Sabes como Platão e sua Stella se amaram?[6]
Assim amei, assim fui amado. Fui um rapaz feliz.

---

5   Não é de forma alguma necessário lembrar que, enquanto meros fenômenos do ânimo humano, tais declarações não têm o direito de escandalizar ninguém.
6   **N.T.:** Cf. os epigramas que Platão presumivelmente escreveu para o jovem querido de nome Αστηρ, que significa "estrela, astro", em latim *stella* (*Anthologia Lyrica*. Editada por Ernst Diehl, Leipzig, 1935. v. 1, p. 88, ns. 4 e 5).

É imensa a alegria quando o mesmo se acompanha do mesmo, mas é divino quando um grande homem atrai para si os menores.

Uma palavra amiga, vinda do coração de um homem corajoso, um sorriso abrigando a cordialidade consumadora do espírito é muito e pouco. É como uma senha mágica que abriga vida e morte em sua sílaba de simplicidade, é como uma água espiritual que jorra da profundidade montanhosa, partilhando conosco a força secreta da terra, em suas gotas cristalinas.

Como odeio, por outro lado, todos os bárbaros que se presumem sábios por não terem mais coração, todos esses demônios da rudeza que, com a pequenez e a irracionalidade de sua disciplina viril, destroem e assassinam de múltiplos modos a beleza jovial.

Bom Deus![7] A coruja quer expulsar de seu ninho os filhotes de águias, quer mostrar-lhes o caminho para o Sol!

Perdoa-me, espírito de meu Adamas!, por ter esses pensamentos diante de ti. O ganho da experiência é nada podermos pensar de justo sem a deformidade de seu contrário.

Ó, se apenas tu me fosses eternamente presente, com tudo o que te é afim, semideus entristecido, esse que invoco! Aquele que abraças com tua calma e força, vencedor e lutador, aquele que encontras com teu amor e sabedoria, ou bem foge de ti ou então se torna como tu! Ignóbil e fraco não têm lugar algum perto de ti!

Quantas vezes te aproximaste de mim, tendo estado por muito tempo longe de mim, esclarecendo-me com tua luz e aquecendo-me a ponto de comover meu coração petrificado como a fonte endurecida ao ser tocada pelo brilho do céu! Quis

---

7   **N.T.:** Bom Deus traduz os termos da aliteração tão nórdica entre *gut* = bom e *Gott* = Deus. O nome de Deus é a sua bondade. Essa é uma das experiências fundamentais de Hölderlin frente ao divino, e que Norbert von Hellingrath tão bem denominou "timidez frente ao sagrado".

fugir para as estrelas, carregando toda a minha ventura para que não se me tornasse indigna por tudo o que me cercava.

Cresci como videira sem haste, espalhando sem direção os sarmentos selvagens sobre o solo. Bem sabes como tanta força nobre, não sendo aproveitada, declina em nosso meio. Vagueei como luz errante, tocando em tudo, e por tudo sendo tocado, mesmo que apenas por momentos, e as forças indefesas esmaeceram-se inutilmente. Por toda parte experimentei a falta e minha meta não a pude encontrar. Foi assim que ele me encontrou.

Ele havia exercitado, durante muito tempo, paciência e arte em sua matéria, a do assim chamado mundo civilizado. Mas a sua matéria havia sido e permanecido pedra e madeira. Por necessidade tomara exteriormente a nobre forma humana, mas essa nada tinha a ver com meu Adamas. Ele queria os homens, mas, para criá-los, considerou sua arte pobre demais. Esses que ele buscava criar e para o que a sua arte mostrava-se demasiado pobre já haviam existido outrora, o que ele reconhecia claramente. Onde eles viveram ele também sabia. Quis então dirigir-se para lá e sob os escombros investigar o seu gênio para assim encurtar seus dias solitários. Veio para a Grécia. Foi assim que o encontrei.

Ainda o vejo saltar diante de mim com consideração sorridente, ainda escuto sua saudação e suas perguntas.

Como uma planta capaz de sossegar o espírito arrebatado e devolver à alma a suficiência da simplicidade, assim ele se pôs diante de mim.

E eu não fui o eco de seu calmo entusiasmo? Em mim, não se repetiam as melodias de seu ser? Eu era o que via, e o que via era divino.

Mas como a eficácia mais voluntariosa dos homens é impotente frente à onipotência desse entusiasmo indiviso!

Ele não se demora na superfície, não se nos atém aqui e ali, não precisa de tempo e meios, de discurso, força violenta e persuasão. Por todos os lados, em todas as profundezas e alturas, ele nos enlaça num único instante e antes mesmo de colocar-se ali para nós, antes de nos perguntarmos o que nos está a acontecer, vemo-nos inteiramente transformados em sua beleza, em sua ventura.

Feliz daquele que nesse caminho encontrou um espírito nobre no frescor da juventude!

São dias áureos inesquecíveis, plenos de amorosa alegria e doce ocupação!

Meu Adamas conduziu-me logo ao mundo heroico de Plutarco, à terra mágica dos deuses gregos, logo ordenou e apaziguou com número e medida meus ímpetos juvenis, logo subiu comigo as montanhas para olhar de dia o prado e a floresta circundando as flores, o pântano selvagem da falésia e, de noite, as estrelas sagradas sobre nós, para compreender ao modo dos homens.

É uma sensação enlevante quando o interior se fortalece em sua matéria, distingue-se e religa-se confidente e, pouco a pouco, torna o nosso espírito pronto para o combate.

Senti porém tanto a ele como a mim três vezes mais forte, quando, à maneira de manes de um tempo passado, subimos com orgulho e alegria, com cólera e aflição, o Monte Atos, e de lá embarcamos para ultrapassar o Helesponto e descer, por entre as ilhas silenciosas, até a margem de Rodes e a garganta do Tênaro. E quando a nostalgia nos arrastou, desprendendo-nos das costas até o coração sombrio do antigo Peloponeso para alcançar as margens solitárias do Eurotas, ah! os vales mortos de Élida, Nemeia e Olímpia; e ainda quando, encostados numa coluna do templo de Júpiter, o esquecido, cercados de rosas de loureiros e pervincas, voltamos o olhar para o leito selvagem do rio, a vida da primavera juntamente com o Sol eternamente jovem nos lembraram que, outrora, ali também viveu o homem. Só que agora essa natureza maravilhosa do homem não possui mais existência do que o fragmento de um templo ou a imagem de um morto na memória – ali senteime triste, brincando ao seu lado, colhendo o lodo do pedestal de um semideus, exumando dos escombros o torso de mármore de um herói, cortando a sarça e as ervas daninhas das arquitraves semienterradas, enquanto meu Adamas desenhava a paisagem, como ela circundava, na alegria e consolo, as ruínas, os montes de trigo, as oliveiras, o rebanho de cabras nas falésias montanhosas, a floresta de olmos precipitando-se do cume para o vale. As lagartixas brincavam a nossos pés, e as moscas zuniam, envolventes, na calma do meio-dia. Caro Belarmino! Gostaria de saber contar ponto por ponto, como Nestor. Debruço-me sobre o passado como um colhedor das espigas e restolhos que sobraram após o senhor da terra ter cumprido a colheita, apanhando cada cálamo. Gostaria de saber contar como me coloquei ali de pé ao seu lado, nas alturas de Delos, como um terror me percorreu naquele dia em que subimos os antigos degraus de mármore que ladeiam o muro de granito de Cinto. Aqui viveu o deus do Sol, em meio às festas celestes, quando ainda iluminava como nuvens áureas a Grécia recolhida. Na maré da alegria e do entusiasmo, lançavam-se os jovens gregos, como Aquiles no Estige, ressurgindo, insuperáveis, como semideuses. Nos prados, nos templos, despertavam as suas almas, uma entoando dentro da outra, e, confiantes, cada uma delas preservava os acordes arrebatadores.

Mas de que estou falando? Como se ainda nos restasse alguma intuição desses dias! Ah! Nem sequer um único sonho belo consegue mais vingar sob a maldição que nos abate. Como o grito de um vento do norte, o presente perpassa as flores de nosso espírito, queimando-as no surgimento. E, não obstante, foi um dia radiante que me acolheu no Cinto! Ainda madrugava quando chegamos lá no alto. Nesse agora surgiu o antigo deus do Sol, em sua eterna juventude, o sempre feliz e incansável Titã imortal que, arremessando-se com suas mil e uma alegrias, deitou uma gargalhada sobre a terra desolada, seus templos, suas colunas, que o destino lançou a seus pés como as pétalas de rosa ressecadas que uma criança ali passando arranca, sem nem se dar conta, do ramalhete e as semeia na terra.

"Seja assim!", disse-me Adamas, tomando-me a mão e elevando-a ao deus. Para mim, era como se os ventos matutinos nos arrastassem e puxassem até o cortejo da essência sagrada que, agora, se alçava no alto do céu para a alegria de sua grandeza, preenchendo, maravilhosamente, o mundo e a nós com sua força e espírito.

Meu interior ainda se entristece e alegra com cada palavra que Adamas pronunciou nesse dia, e não consigo conceber minha indigência quando, muitas vezes, devo fazer a mesma experiência que ele, então, teve de fazer. O que é a perda quando o homem se encontra em seu próprio mundo? Tudo é em nós. Por que o homem se importa, então, quando lhe cai da cabeça um fio de cabelo? O que o força a lutar pela própria escravidão quando poderia ser um deus? "Serás sozinho, meu caro!", disse-me Adamas, "serás como o grou que seus irmãos abandonaram na estação inclemente ao partirem para uma terra estranha, em busca da primavera".

É assim, meu caro! O que, em toda riqueza, nos torna tão pobres é não podermos ser sozinhos, é o amor em nós não morrer enquanto vivermos. Devolve meu Adamas e vem para cá junto com todos os que me pertencem a fim de o belo mundo antigo renovar-se em nós, a fim de nos recolhermos e reunirmos nos braços de nossa divindade, a natureza. E vê! Assim, nada mais saberei da indigência.

Mas não digas a ninguém que o destino nos separa! Nós somos isso, nós! nosso prazer é a precipitação na noite do desconhecido, na fria estranheza de um outro mundo qualquer e, se nos fosse possível, chegaríamos a abandonar a região do Sol e a nos lançar para além das fronteiras do astro errante. Ah! para o peito selvagem do homem não há lar possível; e, como o brilho do Sol que novamente queima as plantas da terra que ele mesmo desabrochou, assim o homem mata as doces flores que vingaram em seu peito, as alegrias da afinidade e do amor.

É como se estivesse irritado com meu Adamas por ter-me abandonado, mas não me irrito. Se ele quisesse voltar!

Hipérion ou o Eremita na Grécia

Delos/Delos, Staatliche Graphische Sammlung

Na profundidade da Ásia deve abrigar-se um povo de rara excelência. Foi para lá que sua esperança o levou. Acompanhei-o até Nio. Foram dias amargos. Aprendi a suportar a dor, mas para uma tal separação faltaram-me forças.

Cada momento que nos aproximava da última hora manifestava como esse homem estava entrelaçado ao meu ser. Como um enfermo retém a respiração fugidia, era assim que minha alma o segurava.

Passamos ainda alguns dias no túmulo de Homero, e Nio pareceu-me a mais sagrada de todas as ilhas.

Por fim, despedimo-nos. Meu coração exauriu-se de tanta luta. Senti-me mais tranquilo no último momento. Ajoelhei-me diante dele, apertei-o pela última vez com esses braços; abençoa-me, meu pai! murmurei baixinho, e ele riu imenso. Sua fronte alargou-se perante as estrelas matutinas, e seu olhar penetrou os espaços celestes. "Preservai-o para mim", ele exclamou, "espírito de um tempo melhor! Carregai-o até a vossa imortalidade e que com ele estejam todas as forças clementes do céu e da terra!"

Em nós, há um deus, acrescentou mais calmamente, que dirige o destino como as águas correntes,[8] e todas as coisas são o seu elemento. Que, sobretudo, ele esteja contigo.

Assim nos separamos. Adeus, meu Belarmino!

Hipérion a Belarmino

Para onde haveria de escapar se não possuísse os preciosos dias de minha juventude?

Como um espírito que não encontra paz alguma no Aqueronte, voltei para os campos abandonados de minha vida.

---

8   **N.T.:** A expressão "águas correntes" traduz a expressão *Wasserbäche* com que Lutero traduziu na Bíblia, dentre outras passagens, o Salmo 1, v. 3: "É como a árvore plantada à beira das águas correntes (...)".

Tudo envelhece e rejuvenesce. Por que fomos excluídos da bela circularidade da natureza? Ou será que ela também vale para nós?

Gostaria de acreditar que em nós não habita esse terrível ímpeto de ser tudo, esse que, como o Titã do Etna, irrompe do fundo de nosso ser.

E, no entanto, quem não haveria de preferir sentir-se um óleo ardente a aceitar que nasceu para o flagelo e o jugo? O que é mais nobre, um corcel furioso ou um rocim que abaixa as orelhas?

Caro! Houve um tempo em que meu peito também se ensolarava de esperança, em que a alegria da imortalidade vibrava dentro de mim com todos os pulsos, em que transitava entre projetos maravilhosos como numa vasta noite silvestre, em que me lançava feliz como um peixe de oceano em meu futuro aberto.

Com quanta coragem, natureza aventurada!, o jovem pulava de seu berço. Como se alegrava ao experimentar sua armadura nunca usada! Seu arco tendido e sua flecha zuniam nas aljavas, e os imortais, os sublimes espíritos da Antiguidade, o conduziam, e seu Adamas estava entre eles.

Para onde fosse e me detivesse, figuras magníficas faziam-me companhia. Como chamas, dissipavam-se em minha mente os feitos de todos os tempos e como as imagens de gigante, que as nuvens do céu reúnem no alívio de uma tempestade, as centenas de vitórias olímpicas reuniam-se em uma única vitória infinita.

Quem pode resistir, quem não se deixa arrebatar pela grandeza assustadora da Antiguidade que, como furacão, devasta as florestas joviais quando ela o possui como possuiu a mim, e quando lhe falta, como me falta, o elemento capaz de capturar o fortalecedor sentimento de si mesmo?

A grandeza dos antigos curvava-me a cabeça como tempestade, arrancando-me o florescer do rosto; muitas vezes deitava-me sobre lágrimas infinitas, onde nenhum olhar pudesse me avistar, tal um pinheiro arrancado, boiando num riacho e escondendo na maré suas coroas murchas. Como gostaria, por um só instante, de ter pago com sangue pela vida de um grande homem!

Mas de que isso me adiantava? Ninguém me queria.

É lamentável ver-se assim tão aniquilado. E quem não for capaz de compreendê-lo que se abstenha de perguntar e agradeça à natureza, que o criou como as borboletas para as alegrias. Que parta e, em vida, nunca mais fale de dor e infelicidade.

Amava meus heróis como uma mosca ama a luz. Procurava sua proximidade perigosa, voava e a buscava novamente.

Como um cervo ensanguentado, precipitava-me muitas vezes na correnteza, em meio ao turbilhão da alegria a fim de refrescar o coração ardente e banhar os magníficos e furiosos sonhos de fama e grandeza. Mas de que me adiantou tudo isso?

E quando, tantas vezes à meia-noite, o coração quente conduzia-me ao jardim, sob o orvalho das árvores, e o ninar das fontes, o ar amável e a luz do luar ameigavam minha mente; quando as nuvens de prata escorregavam sobre mim com tamanha paz e liberdade e, a distância, entoava-me a voz perdida do fluxo do mar, como então brincavam amigavelmente com meu coração todos os grandes fantasmas de seu amor!

"Adeus, ó celestes!", dizia sempre para meu espírito, quando sobre mim a luz matutina iniciava sua melodia, com seu tom suave, "adeus, mortos magníficos!" Gostaria de vos seguir, gostaria de liberar-me das doações de meu século e desabrochar no reino livre das sombras!

Mas suspirei pela corrente e tentei agarrar, com amarga alegria, a taça miserável estendida à minha sede.

Hipérion a Belarmino

Minha ilha tornara-se demasiado estreita para mim com a partida de Adamas. Demorei-me demais em Tinos. Queria sair pelo mundo.

"Vá primeiro a Esmirna", disse meu pai, "lá aprende a arte do mar e da guerra, aprende a língua de povos civilizados, suas constituições, suas opiniões, seus usos e costumes, prova de tudo e escolhe o melhor! Então, creio eu, poderás prosseguir".

"Aprende também um pouco de paciência!", acrescentou a mãe, ao que atentei agradecido.

É fascinante o primeiro passo para além do limite da juventude. E quando penso em minha partida de Tinos é como se recordasse um aniversário. Um novo Sol elevava-se sobre mim e saboreei terra, mar e ar como se fosse pela primeira vez.

A atividade viva pela qual, agora em Esmirna, cuidava da minha formação e o rápido progresso amainavam não pouco meu coração. Desse tempo, lembro-me também de algumas noites abençoadas de festa. Quantas vezes não segui, entre as árvores verdejantes, as encostas do Meles até o lugar em que nasceu meu Homero, colhendo flores de oferenda para lançá-las na correnteza divina! Em meus sonhos apaziguados, adentrava a gruta próxima, pois lá, como costumam dizer, ele teria cantado a sua *Ilíada*. Eu o encontrei. Diante de sua presença, calou-se em mim todo som. Abri seu poema divino, e era como se jamais o tivesse conhecido, tão diverso vivia agora dentro de mim.

Também recordo-me, com gosto, de minha peregrinação pelos campos de Esmirna. É uma terra adorável, e milhares de vezes desejei ter asas para uma vez por ano voar até a Ásia Menor.

Da planície de Sardes escalei as falésias rochosas do Tmolos.

Pernoitei ao pé da montanha numa cabana hospitaleira, sob murtas e o odor dos buquês de lavanda, próximo ao fluxo dourado do Pactolo, onde os cisnes brincavam ao meu lado e onde se elevava, entre os olmos, um antigo templo de Cibele, como um espírito tímido olhando a claridade do luar. Cinco colunas graciosas sustentavam sobre escombros o seu luto, e um portal régio jazia arrancado a seus pés.

Através de milhares de bosques florescentes, crescia a minha senda. De uma ladeira inclinada, pendiam árvores cheias de murmúrios, cingindo minha cabeça com seus meigos flocos. Parti ao amanhecer. Ao meio-dia, encontrava-me no alto da montanha. Pus-me de pé, olhei feliz diante de mim, desfrutei dos ares mais puros do céu. Foram horas abençoadas.

Como um mar, estendia-se diante de mim, cheia de alegria viva, a juventude da terra de onde vim. Era com um jogo celeste e infinito de cores que a primavera saudava meu coração e, assim como se podia reencontrar o Sol do céu nos reflexos multifacetados da luz que a terra lhe devolvia, também meu espírito se reconhecia na plenitude da vida que o envolvia e invadia por todos os lados.

À esquerda, a corrente urrava como um gigante, precipitando-se para as florestas do alto da falésia de mármore que sobre mim pendia. A águia brincava com seus filhotes e os cimos de neve luziam no azul etéreo. À direita, nuvens de tempestade revolviam-se sobre as florestas de Sípilo. Não sentia a intempérie que carregavam. Sentia apenas um sopro nos cachos. O seu trovão, porém, ouvi como se ouve a voz do futuro, e suas chamas eu vi como se vê a distância luminosa da divindade pressentida. Voltei-me para o sul e prossegui a caminhada. Diante de mim, estendia-se toda a terra paradisíaca que percorre, por tantos atalhos encantadores, o Caistro como se ela não pudesse demorar-se muito na riqueza e amabilidade circundantes. Como os zéfiros, meu espírito errava feliz de beleza em beleza, da pequena paz de uma aldeia estranha, incrustada no fundo da montanha, até onde declinava a cadeia montanhosa da Mesogeia.

Hipérion ou o Eremita na Grécia

Sparta – Ebene/Esparta – planície, Staatliche Graphische Sammlung

Voltei a Esmirna como quem volta bêbado de um banquete. Meu coração sentia-se por demais repleto de bem-estar para não emprestar sua abundância à mortalidade. Com tanta alegria, captei a bela natureza a ponto de não preencher com ela os vazios da vida humana. Minha Esmirna sedenta vestia-se das cores de meu entusiasmo e, ali, erguia-se como uma noiva. As cidades agasalhadoras[9] me atraíam. O desvario de seus hábitos me entretia como uma criancice, e, tendo a natureza me disposto para além de todas as formas e costumes implantados, brinquei com todos, vestindo-os e despindo-os como fantasias de carnaval.

Mas o que condimentava, propriamente, o sabor insípido desse comércio banal eram as fisionomias e figuras cheias de bondade que a natureza complacente arremessava, aqui e ali, como estrelas à nossa obscuridade.

Como, então, se alegrava meu coração! Com que credulidade interpretava esses adoráveis hieróglifos! Esse tempo passou porém com a mesma rapidez que as bétulas na primavera. Ouvi contar da seiva dessas árvores e imaginava que bebida deliciosa esses troncos amáveis não deveriam propiciar. Mas aí dentro não havia suficiente força e espírito.

Ah! e como era insano tudo o que via e ouvia.

Caminhando aqui e ali entre os civilizados, era na realidade como se a natureza humana se tivesse dissipado na multipli-

---

9   **N.T.:** "Cidades agasalhadoras" traduz a expressão *gesellige Städte*. O termo alemão *gesellig*, de onde provém o substantivo *Gesellschaft* = sociedade, deriva-se de *Saal* = sala, salão, lugar de reunião. Na língua portuguesa, esse termo alemão resguardou-se curiosamente e seguindo o mesmo étimo na palavra agasalho, agasalhar. No português antigo, costumava-se dizer de alguém "que se agasalhou com huma mulher", que a ela se uniu. No sentido extensivo de bom acolhimento, em que se dizia, por exemplo, que "faz grande gasalho aos nossos navios e gentes que ao seu porto vão ter" (Duarte Barbosa). Ou ainda, num verso de Camões: "Vê a costa do mar, onde te deu Melinda hospício gasalhoso e caro" (*Os Lusíadas*, X, 96).

cidade do reino animal. Como em toda parte, aqui também os homens eram especialmente desamparados e corrompidos.

Certos animais uivam ao ouvir música. Já a minha gente mais culta e educada ri quando se fala da beleza do espírito e da juventude do coração. Os lobos fogem quando se acende o fogo. Esses homens viram as costas como ladrões quando entreveem uma chama de razão.

Se me acontecesse pronunciar uma palavra calorosa sobre a Grécia antiga, eles bocejavam e opinavam sobre a necessidade de também se viver o tempo presente e um outro ainda acrescentava, cheio de importância, que o bom gosto ainda não se havia perdido inteiramente. Era o que se via. Um troçava como gajeiro, o outro inflava o rosto para pregar ensinamentos.

Também não faltava aquele que com ares de muito esclarecido estalasse os dedos para o céu e declarasse que mais vale um pássaro na mão do que dois voando! Mas, quando alguém lhe falava da morte, juntava rapidamente as mãos e não parava de afirmar o perigo provocado pela desvalorização de nossos padres.

Os únicos de que, por vezes, me servia eram os contadores de estória, as crônicas vivas de nomes de terras e cidades estranhas, as eloquentes caixinhas de imagens em que se podem ver potentados a cavalo, torres de igreja e mercados.

Sentia-me ao fim de tudo demasiado esgotado para lançar-me à procura de uvas no deserto ou de flores num campo gelado.

Decidi viver sozinho, e o meigo espírito de minha juventude quase desapareceu completamente de minha alma. Em tudo o que contava e não podia contar, mostrava-se o caráter insano do século; ressentia-me igualmente do belo consolo de encontrar em uma alma o meu mundo, de abraçar em uma imagem amiga toda a minha espécie.

Meu caro, o que seria da vida sem esperança? Uma chama que surge do carvão e se extingue, um sopro de vento que, numa estação sombria do ano, pode ouvir-se sussurrar e num instante perder-se. Será também assim conosco?

Também a andorinha busca uma terra amiga no inverno. O animal selvagem gira em torno do calor do dia, e seus olhos buscam a fonte. Quem diz a uma criança que a mãe não lhe recusará o peito? E, vê, mesmo assim ela o procura.

Nada que não seria capaz de esperar pode viver. Meu coração fechou agora seus tesouros, mas somente no intuito de guardá-los para um tempo melhor, para o ser único, sagrado e confiante, esse que, em algum período da existência, minha alma sedenta ainda haveria de encontrar.

Com quanta felicidade a ele me prendia quando de leve, tal um brilho de luar, ele se aproximava de minha fronte asserenada na hora de um pressentimento. Já naquele tempo te reconhecia, já naquele tempo tu me olhavas das nuvens como um gênio, tu, que para mim haverias de surgir da onda sinistra desse mundo, na paz da beleza. Assim esse coração não mais haveria de lutar, de arder.

Como um lírio balançando no ar silencioso, assim vibrou nesse seu elemento, nos ardentes sonhos com ela, o meu ser.

Hipérion a Belarmino

Esmirna havia se tornado para mim insuportável. Meu coração pouco a pouco mostrava-se cada vez mais cansado. Assaltava-me muitas vezes o desejo de andarilhar pelo mundo, de partir para a guerra ou de buscar meu Adamas para, em seu fogo, queimar o meu desânimo. Ali permanecia, porém, e minha vida pálida, sem sentido, parecia não mais querer se renovar.

O verão estava prestes a acabar. Já pressentia os dias sombrios de chuva, o assobio dos ventos, o estrondo das torrentes, e a natureza, que jorrava como uma fonte espumante para alcançar todas as plantas e árvores, diante de meus sentidos obscuros, parecia imóvel, declinante, fechada e voltada para si como eu mesmo.

Queria ainda arrastar comigo tudo o que podia da vida fugaz, ainda queria resguardar dentro de mim tudo o que lá fora cheguei a abraçar como um hábito querido, pois bem sabia que o eterno retorno do ano não mais aconteceria entre essas árvores e montanhas. Assim caminhei e cavalguei ainda mais do que nunca, percorrendo toda a região.

O que no entanto mais me impelia para fora era a nostalgia escondida de rever um homem que, desde algum tempo, encontrava todos os dias entre as árvores, diante do portão que atravessava.

Como um jovem Titã, o magnífico estranho atravessava a raça de anões que, com timidez alegre, se regalava frente à sua beleza, sua altura e força, animando-se ao vislumbrar a cabeça do romano, brilhante e queimada, como faz um olhar furtivo diante do fruto proibido. Era um momento magnífico cada vez que o olhar desse homem, para o qual mesmo a liberdade etérea parecia demasiado estreita, estendia-se, abdicando de todo orgulho, na procura intrépida até deparar-se com o meu olhar. Enrubescidos, entreolhávamo-nos e despistávamo-nos.

Certa vez, aventurei-me dentro das florestas de Mima, só retornando bem tarde da noite. Havia apeado e conduzia o meu cavalo por uma vereda inclinada e deserta, entre raízes e pedras. Ao atravessar as moitas para chegar à garganta que se abria diante de mim, atacou-me, de repente, um par de ladrões carabórnios. Com dificuldade escapei num primeiro momento dos dois sabres arremessados. Como eles, porém, já estavam cansados em virtude de uma outra tarefa, consegui escapar. Com calma, montei novamente o cavalo e prossegui.

No sopé da montanha, entre as florestas e falésias amontoadas, apareceu-me um pequeno prado. Fez-se claridade. A Lua havia acabado de nascer em meio às árvores obscuras. A distância, vi cavalos estendidos no chão e, ao lado, homens na relva.

"Quem és?", indaguei.

"Mas és Hipérion!", exclamou uma voz de herói, surpresa de felicidade. "Tu me conheces", prosseguiu a voz. "Encontro-me contigo diariamente sob as árvores do portal".

Meu cavalo voou como uma flecha ao seu encontro. A luz do luar iluminou a sua fisionomia. Eu o reconheci. E lancei-me em sua direção.

"Boa noite!", disse o amável vigoroso, dirigindo-me um meigo olhar selvagem e pressionando-me o punho com tamanha força que o meu íntimo percebeu o sentido de tudo isto.

Minha vida sem sentido havia agora chegado ao fim!

Alabanda, assim chamava-se o estranho, disse-me que havia sido atacado com seus serviçais por ladrões, e que ele próprio havia posto a correr aqueles dois que eu encontrara. Perdendo então o caminho da floresta, teve de permanecer no mesmo lugar em que eu agora o via. "Perdi um amigo nessa aventura", acrescentou, apontando-me o seu cavalo morto.

Entreguei o meu a seu servente e seguimos a pé.

"Recebemos o que merecemos", disse, enquanto caminhávamos juntos, de braços dados. "Por que hesitamos tanto tempo, contentando-nos em nos entreolhar até esse acidente nos ter reunido?"

"Devo ainda dizer-te", retrucou Alabanda, "que és o mais culpado, o mais frio. Cavalguei hoje para seguir-te".

"Magnífico!", clamei, "vê bem, no amor jamais conseguirás sobrepujar-me".

Tornamo-nos cada mais íntimos e alegres.

Aproximamo-nos da cidade numa barca bem construída, que flutuava pelo murmúrio das fontes respingantes, pelo perfume de pomares e prados.

Decidimos ali pernoitar. Sentamo-nos ainda durante muito tempo nas janelas abertas. Calma elevada e espiritual nos envolvia. Terra e mar silenciavam venturosos como estrelas sobre nós. Era raro que uma brisa do mar chegasse até o nosso cômodo e soprasse com ternura nossas luzes, ou que os sons mais fortes de uma música distante penetrassem em nós enquanto nuvens, ninadas em seu trovão no berço do éter, ressoavam longinquamente, no fundo do silêncio, como um gigante adormecido ao respirar mais forte em seus sonhos tenebrosos.

Nossas almas alimentavam-se de um vigor ainda maior porque contra vontade se haviam fechado. Encontrávamo-nos como dois riachos que, correndo das montanhas e arrastando a carga de terra, pedra, madeira apodrecida e todo o caos que os sustenta, deles se lança para abrir e estender o caminho que os une até o ponto em que, tomando e tomados pela mesma força, se reúnem em um fluxo majestoso, iniciando o curso rumo ao mar.

Ele, saído do destino e da barbárie dos homens e partido, desde a mais tenra juventude, da própria casa para uma errância entre estranhos, amargurado e embrutecido, preservava, não obstante, o coração cheio de amor e do desejo de rasgar sua casca rude para irromper num elemento amigável. Eu, intimamente já tão apartado de tudo, com a alma estranha e sozinha entre os homens, com as melodias mais amáveis de meu coração em companhia dos ridículos ruídos do mundo. Eu, a antipatia de todos os cegos e paralíticos e, no entanto, para mim mesmo, tão cego e paralítico, detestando de todo coração tudo o que de longe me aparenta aos inteligentes e razoáveis, aos bárbaros e ridículos, e tão cheio de esperança, tão cheio da única expectativa de uma vida mais bela.

Os dois jovens não deveriam abraçar-se numa pressa intempestiva e alegre?

Ó meu amigo e companheiro de luta, meu Alabanda, onde estás? Imagino que tenhas atravessado a terra desconhecida para encontrar repouso e que te tenhas tornado novamente como outrora, quando ainda éramos crianças.

Por vezes, quando uma tempestade arma-se sobre mim e suas forças divinas se dissipam nas florestas e trigais, ou quando na maré as ondas brincam umas com as outras, ou um coro de águias cadencia sobre o cume montanhoso por onde peregrinei, meu coração se comove como se meu Alabanda não estivesse distante. Todavia, ainda mais visível, mais presente e inconfundível ele vive agora em mim inteiro, como outrora, de pé diante de mim, acusador severo e arrebatado, nomeando os pecados do século. Que profundidade despertava em meu espírito, quantas palavras trovejam de meus lábios a justiça implacável! Como mensageiros de Nêmesis, nossos pensamentos atravessavam a terra, purificando-a da maldição até eliminar qualquer vestígio.

Também o passado levávamos ao nosso tribunal, sem nos deixar intimidar pelo esplendor da Roma orgulhosa e nem chantagear pela juventude promissora de Atenas.

Como as tempestades correntes que, cheias de júbilo, ultrapassando as montanhas, adentram sem cessar as florestas, assim nossas almas perfuravam o exterior com planos colossais. Não que tivéssemos criado o nosso mundo de forma pouco humana, mediante uma palavra mágica e, numa inexperiência infantil, negligenciássemos os obstáculos. Alabanda era demasiado razoável e bravo para isso. Muitas vezes, entusiasmo intrépido é também guerreiro e sábio.

Um dia está para mim particularmente presente.

Fomos juntos ao campo, sentamo-nos confiantes, envoltos pela obscuridade infinitamente verde do loureiro e lemos juntos nosso Platão, concentrando-nos na passagem, maravilhosamente sublime, em que fala dos velhos e dos novos.[10] Repetidamente, descansávamos avistando a paisagem silenciada em suas folhas, onde o céu, mais belo do que nunca, brincava com as nuvens e o brilho do Sol em torno das árvores adormecidas pelo outono.

Comentávamos a Grécia de agora, ambos com coração sangrando, pois o solo tornado indigno era também a terra natal de Alabanda.

Alabanda estava de fato inusitadamente comovido.

"Quando vejo uma criança", proclamou esse homem, "e penso no funesto e ignominioso jugo que um dia haverá de portar, e na indigência que como nós terá de suportar e que como nós chegará a indagar aos homens sobre o belo e o ver-

---

10 **N.T.:** Hölderlin refere-se aqui a uma passagem do diálogo *O Político* (268e- 274e), em que Platão narra o mito dos velhos e dos novos, duas rotas dos astros.

dadeiro, e passar sem deixar frutos porque, como nós, será sozinha, e que... Oh, arrancai vossos filhos do berço e lançai-os na correnteza para ao menos salvá-los de vossa infâmia!"

"Certamente, Alabanda! Certamente", disse eu, "será diferente".

"De que modo?", perguntou. "Os heróis perderam sua glória, os sábios, os seus discípulos. Não havendo um povo nobre para percebê-los, os grandes atos não passam de golpe violento sobre uma fronte estúpida, e, não havendo corações que se elevem para ecoá-las, palavras elevadas são como sussurro de folha morta caída na lama. O que mais queres?"

"Quero", respondi, "tomar a pá e lançar a lama em uma vala. Um povo em que o espírito e a grandeza não mais geram espírito e grandeza, nada mais possui em comum com aqueles que permaneceram homens, não mais possui direito algum; é uma farsa, uma superstição, querer honrar cadáveres inertes como se abrigassem um coração romano. Fora com eles! Não podemos deixar de pé essa árvore ressecada e apodrecida, pois ela apenas rouba a luz e o ar da vida jovem que amadurece para um novo mundo".

Alabanda saltou em minha direção, abraçou-me, e seus beijos penetraram-me a alma! Clamou "amado irmão de luta! Agora possuo centenas de braços!"

"Enfim, essa é, ao menos por uma vez", a minha melodia, prosseguiu, "com uma voz que me comoveu o coração como um alarido de batalha. Nada mais é necessário. Pronunciaste uma palavra magnífica, Hipérion! O quê? Deus deve depender de um verme? O deus em nós, para quem o infinito se abre como via, deve passar e esperar que o verme saia de seu caminho? Não! Não! Não há por que vos perguntar se quereis. Pois jamais havereis de querer, vós, escravos e bárbaros! Tampouco pode-se pretender vos aperfeiçoar. Seria em vão! Quer-se apenas cuidar para que saiais do caminho onde avança vitoriosa a humanidade. Oh, acende-me um facho de luz para que possa queimar do prado toda a erva daninha! Que alguém me prepare a mina para que possa explodir da terra os cepos mortos".

"Basta afastá-los o mais possível, sem violência", ponderei. Alabanda silenciou por um instante.

"Minha alegria está no futuro", recomeçou por fim, "segurando ardentemente as minhas mãos. Deus seja louvado! Meu fim não será igual a qualquer um. Na boca de um escravo, ser feliz é estar dormente. Ser feliz! Para mim, é como se tivesse mingau e água morna na boca quando me falas de ser feliz. Tão disparatado e insano é tudo a que dedicais vossas coroas de loureiro, vossa imortalidade.

Ó, luz divina que, incansável e potente em seu reino magnífico, nos ultrapassa não obstante comunicando-me a tua alma nos raios que eu bebo, que a tua felicidade seja a minha! Os filhos do Sol alimentam-se dos próprios atos. Vivem da vitória. Com espírito próprio insuflam a sua coragem, e a sua força é a sua alegria".

O espírito desse homem chegava por vezes a alcançar alguém de tal modo que seria possível até mesmo envergonhar-se da leveza de pluma que então se experimentava.

"Ó céu e terra!", clamei, "isso é a alegria! São outros tempos, não há ressonância alguma de meu século pueril, esse não é o solo em que o coração do homem arqueja sob o chicote de seu opressor. Sim! Sim! por tua alma magnífica, homem! Comigo salvarás a terra natal".

"É o que quero", afirmou, "ou então sucumbir".

A partir desse dia tudo nos pareceu ainda mais sagrado e amável. Uma honestidade profunda e indescritível apoderou-se de nós. Mas era em nossa união que sentíamos ventura maior. Cada um de nós vivia os sons fundamentais de seu ser e, despojados de todo ornamento, adiantávamos o passo de uma grande harmonia para outra. Nossa vida em comum era plena de magnífico rigor e audácia.

"Por que vives agora na pobreza da palavra?", perguntou-me, certa vez, Alabanda com um sorriso. "Nas zonas quentes", respondi, "próximas ao Sol, os pássaros também não cantam".

Mas no mundo tudo nasce e declina e, não obstante toda a sua força de gigante, o homem nada consegue segurar. Vi certa vez uma criança esticar a mão para apanhar o luar, mas a luz seguiu calmamente o seu rumo. Assim estávamos, ali, lutando por capturar o destino peregrino.

Ó, quem poderia segui-lo meditativo e sereno, como um caminho de estrelas!

Quanto mais és feliz, menos custa dirigir-te até o profundo, e os dias aventurados, como aqueles que Alabanda e eu experimentamos, são como a extremidade aguda de uma falésia onde basta um leve toque para que o teu companheiro de viagem te precipite entre dentes escarpados para a penumbra mais profunda.

Fizemos uma viagem magnífica até Quios. Muitas alegrias nos possuíram. Como brisas sobre a superfície marítima, a magia da natureza nos dominava. Com espanto feliz, entreolhávamo-nos sem dizer uma só palavra, mas era como se os olhos dissessem: nunca te vi assim! Tão magníficas sentíamos as forças da terra e do céu.

Sob um fogo amável, discordamos durante a viagem de algumas coisas. Como outrora, dessa vez também, o meu coração enchia-se de alegria ao ver esse espírito errar com audácia, de vê-lo seguir o seu caminho numa alegria eloquente, livre de regras, mas sempre tão seguro.

Logo ao desembarcar, apressamo-nos em ficar sozinhos.

"Não chegarás a persuadir ninguém", disse com toda a minha dedicação amorosa. "Seduzes os homens antes mesmo de começares. Quando falas, ninguém duvida. Mas quem não duvida não pode ser persuadido".

"Adulador orgulhoso", respondeu, "estás mentindo! Mas é bem justo que me corrijas! Só que já me deixaste enlouquecido tantas vezes! Por todos os reinos do mundo não quero me libertar de ti. Angustio-me, porém, muitas vezes, por me seres tão imprescindível, por estar tão acorrentado a ti. E vê", prosseguiu, "para que tu me possuas inteiramente, deves saber tudo sobre mim! Em meio a tanta alegria e esplendor, não nos lembramos de perscrutar o passado".

Pôs-se, então, a narrar o seu destino. Parecia-me ouvir a luta de um jovem Hércules contra o povo de Mégara.

"Podes agora perdoar-me", indagou ao concluir a narração de sua desventura, "podes agora acalmar-te quando, tantas vezes, pareço rude, arisco e insuportável?".

"Calma! Calma!", respondi, com profunda emoção. "Só o fato de ainda estares aí, de ainda te resguardares para mim, só isso me basta!".

"Sim, para ti", clamou, "e me alegra de todo o coração que ainda me aceites. E se, por vezes, cheguei a ter para ti o sabor de uma maçã silvestre, então, que me espremas ao máximo até conseguires beber de mim".

"Deixa-me, deixa-me", gritei. "Arrepio-me, em vão. Esse homem tomou-me por uma criança, eu não lhe escondi nada. Viu minhas lágrimas e pobre dele se não as tivesse visto!".

"Divertimo-nos", recomeçou Alabanda, "passamos o tempo na embriaguez".

"Foram nossos dias de noivado", disse ele mais calmo, "assim deveria soar se estivéssemos na Arcádia... Mas voltando à nossa conversa de antes!"

Concedeste muito poder ao Estado. Este não deve porém exigir o que não pode obrigar. O que, porém, o amor e o espírito propiciam, isso ninguém pode obrigar. Que permaneça intocado ou então que se arranque a sua lei para chicoteá-la no pelourinho! Pelos céus! Quem quer fazer do Estado uma escola moral não sabe que pecado comete. O que sempre fez do Estado um inferno foi o desejo de transformá-lo no céu dos homens.

Uma casca grossa envolvendo o germe da vida e nada mais. Isso é o Estado. É o muro que ladeia o jardim dos frutos e flores humanas.

Mas de que serve um muro ladeando o jardim quando o solo está árido? Nesse caso, só a chuva dos céus pode ajudar.

Ó chuva dos céus! Ó, entusiasmo! Haverás de devolver aos povos a primavera. Para ti o Estado não serve de nada. E não pode sequer perturbar-te. Haverás de chegar, com teu enlevo todo-poderoso, a envolver-nos em nuvens douradas, alçando-nos para além da mortalidade e, espantados, chegaremos a nos perguntar quem somos nós, os indigentes e, às estrelas, se lá ainda floresce uma primavera para nós. Queres saber quando isso acontecerá? Quando a preferida do tempo, a filha mais jovem e bela, a nova Igreja,[11] surgirá dessas formas envelhecidas e maculadas, quando o sentimento redesperto do divino devolverá ao homem a sua divindade e, ao seu peito, a bela juventude. Quando... não posso mais anunciar, pois é com muita dificuldade que o pressinto. Mas ela chegará por certo, por certo. A morte é mensageira da vida, e se hoje só conseguimos dormir em casas de saúde é porque nelas se testemunha um despertar sadio. Só então, só então, chegaremos a ser, só então o espírito encontrará seu elemento!

Alabanda silenciou e olhou-me espantado durante algum tempo. Estava crivado de esperanças infinitas. Forças divinas me enlevavam como uma nuvem pequena.

"Vem!" Clamei e segurei Alabanda em suas vestes, "vem, como é possível ficar mais tempo no cárcere que nos anoitece?"

"Para onde, meu exaltado?", interpelou secamente Alabanda, e uma sombra de escárnio parecia atravessar o seu rosto.

Senti-me como se tivesse caído das nuvens. "Sai", disse eu, "és um homem pequeno!".

No mesmo momento, entraram no quarto vários desconhecidos, fisionomias esquisitas, quase todas magras, pálidas e, no tanto que conseguia ver na claridade do luar, calmas.

---

11   **N.T.:** O sonho de uma nova Igreja é um motivo compartilhado por Hölderlin, Schelling e Hegel. Cf. *O mais antigo programa do Idealismo alemão*, a carta que Hölderlin escreveu a Hegel em 10 de julho de 1794, e também a carta que Hegel enviou a Schelling em janeiro de 1795.

Havia, porém, qualquer coisa em suas frontes que rasgava a alma como uma espada. Era como se nos deparássemos com a onisciência. Podia-se duvidar se isso não era o lado exterior das naturezas indigentes, se aqui e ali não se resguardavam vestígios de afetos mortos.

    Um, em especial, chamou-me a atenção. A calma de suas feições era a calma de um campo de batalha. Amor e ódio vociferavam nesse homem, e o entendimento brilhava sobre os escombros de seu coração como o olhar de um açor, pousado sobre as ruínas de um palácio. Profundo desprezo habitava seus lábios. Podia-se supor que esse homem nunca se ocupava de causas insignificantes.

    Um outro devia a sua calma mais à dureza natural do coração. Nele quase não se podia encontrar nenhum traço de violência, nem a exercida sobre si mesmo nem a provocada pelo destino.

    Um terceiro parecia ter arrancado da vida a sua frieza mais pela força de persuasão, devendo, muitas vezes, lutar contra si mesmo, pois havia uma contradição secreta em seu ser e ele me dava a impressão de vigiar-se. Era o que menos falava.

    Como um cabo de aço esticado, Alabanda saltou quando entraram.

    "Estávamos à tua procura", gritou um deles.

    "Haveríeis de me encontrar", disse ele rindo, "mesmo que me escondesse no meio da terra. São meus amigos", acrescentou, virando-se para mim.

    Eles pareciam me olhar com bastante agudeza.

    "Eis um daqueles que gostaria de ver um mundo melhor", proclamou Alabanda, após algum tempo, apontando em minha direção.

    "É sério?", perguntou-me um dos três.

    "Não é pilhéria alguma melhorar o mundo", respondi.

    "Disseste muito em poucas palavras", afirmou um deles. "És um dos nossos", completou um outro.

"Pensais assim?", perguntei.

"Pergunta o que fazemos!", foi a resposta.

"E se perguntar?"

"Então haveremos de te dizer que aqui estamos para limpar o terreno, para recolher as pedras do campo e derrubar as glebas demasiado duras para a enxada, para abrir sulcos com o arado, alcançar a erva daninha na base, cortá-la e arrancá-la com a raiz para que resseque ao calor do Sol".

"Não que queiramos colher", aludiu um outro. "Para nós, o pagamento chega com muito atraso. Para nós, a colheita não mais amadurece".

"Estamos no entardecer de nossos dias. Erramos com frequência, esperamos muito e fizemos pouco. Preferimos supor a meditar. Para ficar mais perto do fim, confiamos na sorte. Falamos muito de alegria e dor, e tanto as amamos como as odiamos. Brincamos com o destino, e ele fez o mesmo conosco. Do cajado mendigo à coroa, ele nos exaltou e humilhou. Ele nos balançou como se balança um incensório ardente, e ardemos até o carvão tornar-se cinza. Paramos de falar sobre felicidade e infortúnio. Crescemos excedendo o meio da vida, onde é verde e quente. Mas o pior ainda não é o que sobrevive à juventude. A espada fria forja-se em metal incandescente. Também se diz que sobre os vulcões mortos, que acabaram de queimar, nenhum mosto ordinário consegue vingar".

"Não dizemos isso por nossa causa", acrescentou, abruptamente, um outro. "Dizemos por vossa causa! Não mendigamos o coração dos homens. Pois não precisamos nem de seu coração nem de sua vontade. Pois nada está contra nós, tudo é a nosso favor. Os bobos e os espertos, os simplórios e os sábios, todo o vício e virtude da barbárie e da cultura encontram-se a nosso serviço mesmo sem contrato, servindo cegamente aos nossos fins. Só que gostaríamos que alguém tivesse prazer em tudo isso. Buscamos, assim, dentre os milhares de ajudantes cegos os melhores para torná-los atentos... Mas não é nossa culpa ou dano que ninguém queira habitar o que construímos. Fizemos o que nos cabia. Se ninguém quer colher o que plantamos, quem nos levará a mal? Quem maldiz a árvore quando a maçã cai na lama? Quantas vezes não me disseram que sacrificava para o desvigoramento. Mesmo assim concluía meu dia de trabalho".

"Farsantes!", clamaram os quatro cantos de meus sentidos. Via-me como alguém que, prestes a sufocar-se na fumaça, arromba portas e janelas para dela escapar, tamanha a sede de ar e liberdade.

Logo viram como me sentia tremendamente mal e interromperam. O dia já despontava quando saí da barca onde nos havíamos reunido. Senti o sopro do ar matutino como bálsamo numa ferida ardente.

Estava tão irritado com a ironia de Alabanda que cheguei a duvidar inteiramente dele em razão dessa enigmática camaradagem.

"Ele é mau", clamei, "sim, ele é mau. Ele dissimula uma confiança sem fronteiras e vive com esses tipos, escondendo isso de ti".

Senti-me como uma noiva descobrindo que seu amado vive com uma meretriz.

Não era uma dor que se pudesse aplacar, carregando no coração, como criança, para cantá-la no sono, ao som de rouxinóis!

Uma serpente em cólera lançando-se, impiedosamente, sobre os joelhos e as ancas, enroscando todos os membros para então morder, com dentes envenenados, primeiro o peito e depois a nuca. Era assim a minha dor, assim ela me abraçava terrificamente. Busquei a ajuda de meu coração mais elevado, debrucei-me sobre pensamentos grandiosos para me acalmar, o que só consegui por poucos instantes. Achava-me, agora, refortalecido na ira, agora também assassinava, dentro de mim, como um fogo que se sobrepõe, toda chama amorosa.

Ele deve estar conjurado com eles, pensei, são seus homens, ele deve estar conjurado contra ti! Mas o que quer de ti? O que pode buscar em ti, esse exaltado? Oh, se ele tivesse seguido o seu caminho! Mas essa gente tem um prazer todo próprio em seguir o seu contrário! Guardar no curral um animal assim estranho lhes dá tanta satisfação!

E, no entanto, com ele, fui inexplicavelmente feliz. Quantas vezes não sucumbi em seus braços para deles despertar com um sentido de insuperabilidade no peito. Quantas vezes não me consolidei e apurei em seu fogo, como aço!

Quando uma vez lhe mostrei os dióscuros numa meia-noite serena, Alabanda posou a mão no coração, e disse: "são apenas estrelas, Hipérion, somente as letras com que se escreve no céu o nome dos heróis fraternos. Em nós eles existem! Vivos e verdadeiros, com sua coragem e seu amor divino, e tu, tu és o filho dos deuses e compartilhas, com teu Castor, mortal, a imortalidade!".

Quando juntos desbravamos as florestas de Ida e, chegando ao vale, indagamos aos túmulos silenciosos sobre os seus mortos, e eu disse a Alabanda que sob os túmulos talvez residisse um espírito como o de Aquiles e sua amada, Alabanda então me confiava que, muitas vezes, como uma criança, sonhava conosco, caídos num campo de batalha, repousando juntos sob uma árvore... Quem teria imaginado tudo isso?

Refletia, com todas as forças que me restavam, acusava-o, defendia-o, acusava-o ainda mais amargamente, refutava meus pensamentos, buscava distrair-me, mas só conseguia mais obscuridade.

Ah!, meus olhos, que começavam a sarar após tantos golpes, como seriam agora capazes de uma visão mais salutar?

Alabanda visitou-me no dia seguinte. Meu coração aferventou-se quando ele apareceu mas contive-me, tamanha a irritação e acaloramento que seu orgulho e calma provocavam.

"O ar está magnífico", disse ele por fim, "e a tarde promete bastante beleza. Vamos juntos à Acrópole!"

Aceitei. Durante muito tempo, não trocamos uma palavra sequer. "O que queres?", perguntei finalmente.

"Como podes perguntar isso?", retrucou esse homem selvagem, com ânimo tão doído que chegou a atravessar minha alma. Senti-me confuso, tocado.

"O que devo pensar de ti?", recomecei.

"Aquilo que sou!", respondeu sereno.

"Deves desculpar-te", falei num outro tom, olhando com soberba, "desculpa-te! Purifica-te!".

Isso foi demais para ele.

"Como é possível que esse homem", vociferou indignado, "pretenda me dobrar como quer? É bem verdade que deixei muito cedo a escola, que rompi e quebrei todas as correntes à exceção de uma só. Mas nunca fui domesticado por um maníaco. Resmunga à vontade! Já me calei demais!".

"Ó Alabanda! Alabanda!", exclamei.

"Cala-te", revidou, "e não faça de meu nome um punhal contra mim!"

O desânimo irrompeu então inteiramente. Prosseguimos assim, sem descanso, até que um retorno se tornasse quase impossível. Destruímos, com violência, o jardim de nosso amor. Paramos muitas vezes, calados, mesmo sendo grande o desejo de saltar cheio de alegria um no pescoço do outro. O orgulho da desventura, porém, farpava todo som amoroso que nos brotava do coração.

"Adeus!", gritei por fim e afastei-me. Involuntariamente olhei ao meu redor, involuntariamente, Alabanda me seguia.

"Não é verdade, Alabanda, que se trata de um mendigo especial? Jogar assim seu último vintém na lama!"

"Se é assim então que morra de fome", disse ele, e se foi.

Vagueei sem sentido, parei diante do mar e contemplei as ondas. Ah! meu coração me arrastava para esse fundo, para esse fundo, e meus braços lançaram-se rumo à maré da liberdade. Mas, logo, um espírito mais terno apoderou-se de mim como que provindo do céu, e sua medida serena temperou meu ânimo enlouquecido de dor. Refleti com mais calma sobre meu destino, minha crença no mundo, minhas experiências desconsoladas. Observava os homens, como os acolhia e reconhecia, desde a mais tenra juventude, os múltiplos aprendizados, e em toda parte descobria apenas ruídos surdos e gritantes. Somente na simplicidade dos limites da infância é que ainda conseguia encontrar melodias puras. É melhor, disse a mim mesmo, tornar-se abelha e construir uma casa na inocência do que imperar como senhor do mundo; é melhor uivar junto a eles como lobo do que domar povos e manchar as mãos nessa matéria impura. Queria retornar a Tinos para viver meus jardins e meus campos.

É de rir! Para mim era muito sério. Se a vida do mundo consiste na alternância de desvelar-se e velar-se, no sair e retornar a si mesmo, por que também não o coração do homem?

Decerto, era com dureza que o novo ensinamento me assaltava. Decerto, era com desprazer que me despedia do erro orgulhoso de minha juventude. Mas quem arranca com prazer as próprias asas? Assim tinha de ser.

Fui até o fim. Embarquei, então, realmente. O frescor de um vento montanhoso impeliu-me para fora do porto de Esmirna. Com uma tranquilidade maravilhosa, sim, como uma criança que nada sabe do momento seguinte, deitei-me em meu navio e olhei para as árvores e mesquitas dessa cidade, minhas verdes trilhas à margem, meu caminhar a pé para a Acrópole, isso eu vi, e deixei-me ir sempre adiante. Chegava agora em alto-mar e, pouco a pouco, tudo se afundava como um ataúde em sua cova. Também meu coração parecia arrebentar. "Ó céus!", gritei, e toda a vida dentro de mim despertou, lutando para reter o presente fugidio, mas ele passava, passava!

Como uma névoa, estendia-se diante de mim a terra celeste onde eu como uma corça no prado livre atravessava amplos vales e cimos e propagava o eco de meu coração até as fontes e correntes, na lonjura e profundeza da terra.

Com inocência solitária, cheguei ao Tmolos, descendo até os lugares em que, outrora, se elevara a juventude feliz de

Éfeso, Teos e Mileto. Ali caminhara com Alabanda até o luto sagrado de Troia, com Alabanda, e, como um deus, o dominara, e, como uma criança, cheio de fé e meiguice, obedecera ao seu olhar com a alma alegre, sempre feliz, desfrutando, com intimidade, o seu ser quando segurava as rédeas de seu cavalo, ou quando, superando a mim mesmo, encontrava sua alma ocupada com decisões magníficas, com pensamentos audaciosos, no fogo de um discurso!

Mas a que ponto chegamos. Agora não há mais nada, tudo se tornou tão insano. Tornei-me o mais pobre dos homens sem nem sequer dar-me conta, como?

Oh, eterna confusão! pensei comigo, quando o homem haverá de liberar-se de suas correntes?

Falamos de nosso coração, de nossos planos como se fossem nossos, mas um poder estranho abateu-se sobre nós, enterrando-nos ao seu bel-prazer, sem que soubéssemos de onde vem e para onde vai.

Queremos crescer e ultrapassar, espraiar inteiramente os troncos e os galhos, mas o solo e o clima nos arrastam em sua correnteza, e quando um raio fere a copa, penetrando até a raiz, pobre árvore! O que te importa?

Assim pensava. Estás furioso, meu Belarmino! Ainda tens muito o que ouvir.

Triste, meu caro, é que o nosso espírito assuma tantas vezes a figura do coração errante, constatando com prazer a tristeza fugidia de que os pensamentos, esses que deveriam curar a dor, estão eles mesmos enfermos, de que o jardineiro fere muitas vezes as mãos nas roseiras que deveria plantar. Oh, eis por que um haveria de parecer louco diante dos outros, esses que, em outras circunstâncias, ele chegou a dominar como um Orfeu. Mas, quantas vezes, esses homens que vemos em cada rua não tratam com escárnio a natureza mais nobre. Para os favoritos do céu, o seu recife é ter um amor potente e meigo como seu espírito, é ver as ondas de seu coração agitarem-se mais fortes e velozes do que o tridente com que o deus do mar as domina, sem, no entanto, meu caro, perder-se em nenhuma presunção.

Hipérion a Belarmino

Podes ouvir, compreenderás se contar de minha longa e enferma tristeza?

Recebe-me como eu me dou e pensa que é melhor morrer porque se viveu do que viver porque jamais se viveu! Não invejes os livres do sofrimento, esses ídolos de madeira, a quem nada falta por ter a alma tão pobre, eles que nada clamam, seja por chuva, seja pelo brilho da manhã, por nada possuírem que necessite de cuidado.

Sim! Sim! É mesmo muito fácil ser feliz e tranquilo, com um coração frívolo e limitado. Isso é fácil de vos conceder. Quem se inquietará porque o alvo de madeira não reclama o modo como o dardo o encontra e o pote vazio soa de modo tão estúpido quando lançado contra a parede?

Só que deveis condescender, gente amada, deveis abrigar em todo silêncio a admiração quando não conceberdes porque existem outros que não são tão felizes e nem tão autossuficientes. Deveis resguardar-vos de fazer de vossa sabedoria uma lei, pois o mundo conheceria o próprio fim se vos obedecesse.

Vivi bem tranquilo e despojado em Tinos. Deixava que os fenômenos do mundo pairassem à minha frente como uma névoa de outono, rindo, também às vezes com olhos umedecidos, do meu coração quando este se lançava para bicar essas imagens como o pássaro faz com as uvas rajadas, e fica, assim, tranquilo e acolhedor.

Não mais discutia a opinião de ninguém, ficando apenas triste ao ver que os homens acreditavam que, por não atacar suas farsas, eu as apreciava com o mesmo teor e valor que eles. Não queria, porém, assujeitar-me às suas tolices e buscava poupar-me onde podia. Essa é a sua alegria, pensei, dela é que vivem!

Com frequência permitia-me até um certo prazer em sua companhia, e quando ali me encontrava sem alma, tão sem empenho, ninguém sequer notava, ali ninguém chegava a perder nada, e se eu lhes tivesse pedido desculpas teriam se posto de pé, perguntando, admirados: o que fizeste conosco? Esses indulgentes!

Muitas vezes, pela manhã, de pé em minha janela, enquanto o dia atarefado me vinha ao encontro, podia esquecer de mim mesmo por alguns instantes, podia olhar como se quisesse perceber alguma coisa capaz de me satisfazer como outrora, mas logo me recompunha e me via como aquele para quem um som de sua língua materna soa tão estranho quando pronunciado numa terra em que não é compreendida. E seguir, meu coração, para onde? Perguntava-me razoável e obedecia a mim mesmo.

Por que o homem quer tanto?, indagava frequentemente. O que deve ser esse infinito em seu peito? Infinito? Mas onde está o infinito? Quem já o experimentou? Ele quer mais do que pode! Isso deve ser verdade. Ó! Já fizeste suficientemente essa experiência. Mas é necessário que seja assim como é. O que propicia o sentimento doce e arrojado de que a nossa força não se espalha como quer, o que propicia os belos sonhos de imortalidade e todos esses fantasmas afáveis e colossais que de múltiplas formas arrebatam o homem, o que cria para o homem o seu paraíso e seus deuses é a sua vida não seguir uma linha reta, não poder lançar-se como flecha, e que uma força estranha atravesse o caminho do fugitivo.

As ondas do coração não chegariam a erguer tão alto e com tanta beleza a sua espuma até torná-la espírito se esse rochedo antigo e mudo, o destino, não fosse o seu contraponto.

Todavia, o elã em nosso peito morre e, com ele, nossos deuses e o seu céu.

Em suas fisionomias alegres, o fogo se eleva do berço obscuro em que dormia, as suas chamas levantam-se e caem, rompem-se e formam-se novamente até que sua matéria se consuma, esfumace, debata-se e apague. O resto é cinza.

Assim também conosco. Esse é o sentido mais íntimo de tudo o que os sábios nos narram nos mistérios aterradores e sedutores.

E tu? O que te perguntarias? Que por vezes algo se apodera de ti e, como a boca de um moribundo, teu coração se entreabre e fecha com tamanha violência, que justamente aí está o mau sinal.

Fica calmo e deixa que tudo siga o seu rumo! Não uses de artifício! Não tentes, infantilmente, fazer-te maior do que uma pulga. Pois seria como se pretendesses criar um novo Sol e novos satélites, gerar uma Terra e uma Lua.

Assim sonhava. Com paciência, despedia-me passo a passo de tudo. Os companheiros de meu tempo! Não consulteis vossos médicos e nem vossos padres quando algo vos corrompe internamente!

Perdestes a crença em toda grandeza. Não retornando essa crença, deveis então partir, como um cometa, do céu estranho.

Hipérion a Belarmino

Num esquecimento de toda presença, num emudecimento de nossa essência, é onde estamos como se tivéssemos tudo encontrado.

Num emudecimento, num esquecimento de toda presença, é onde estamos como se tivéssemos tudo perdido, numa noite de nossa alma, onde nem o brilho de uma estrela, onde nem mesmo uma madeira seca consegue luzir.

E fez-se calma. Agora, nada me arrasta para a meia-noite. Agora, não ardo mais em minha própria chama.

Olhei, com calma e solidão, diante de mim, e não contemplei passado e nem futuro. Agora, distância e proximidade não mais importunavam meus sentidos. Quando não era obrigado, não via os homens.

Pois esse século se me afigurava tantas vezes como o tonel eternamente vazio das Danaídes, e minha alma, pródiga de amor, jorrava para preencher os buracos. Agora, não via mais buraco algum. Agora, a vida não me pesava em sua duração longa e entediada.

Agora, não mais dizia à flor: és minha irmã. E às fontes: somos de uma mesma espécie! Fiel como um eco, dava a cada coisa o seu nome.

Como uma corrente numa margem árida, em que nenhuma folha de salgueiro se reflete na água, o mundo corria, diante de mim, desprovido de beleza.

Hipérion a Belarmino

Nada pode crescer e perecer de modo tão profundo como o homem. Ele compara tantas vezes sua noite com o abismo e sua ventura com o éter, mas com isso se diz pouco.

Nada, porém, é mais belo do que o suceder de uma nova aurora a uma longa morte, do que a dor que, como uma irmã, vai ao encontro da alegria que ao longe alvorece.

Oh! Foi com um pressentimento dos céus que saudei dessa vez a primavera por vir! Como as cordas dos amantes soam na distância do ar silencioso em que tudo dorme, assim também entoavam suas doces melodias em meu peito. Como vindo do paraíso, escutava então o seu futuro, quando os galhos mortos se roçavam e uma dor amena tocava a minha face.

Céu afável da Jônia! Jamais me sentira assim tão ligado a ti e também jamais meu coração te assemelhara tanto como outrora, em seus jogos carinhosos e ardentes.

Quem não aspira pelas alegrias do amor e por grandes atos, quando a primavera retorna aos olhos do céu e ao seio da terra?

Sentia como se estivesse a levantar-me de um leito enfermo, vagaroso e prudente, e, ardendo de esperanças recônditas, meu peito sentia-se tão venturoso que até esquecia de perguntar o que isso poderia significar.

Sonhos mais belos abraçavam-me agora durante o sono, permanecendo no coração ao acordar como o vestígio de um beijo na face dos amados. Oh, a luz matutina e eu caminhávamos lado a lado como amigos reconciliados que, se ainda guardam alguma estranheza, carregam na alma o momento infinito do abraço prestes a acontecer.

Meus olhos realmente abriam-se mais uma vez, decerto não mais como outrora, cheio e armado de força própria, pois havia se tornado mais amargo. Imploravam vida. No mais íntimo, porém, era como se pudesse ser como antes, e ainda melhor.

Olhei, novamente, para os homens como se também devesse atuar e alegrar-me entre eles. De coração, aderia realmente a tudo.

Céus! Que alegria infame ver esse homem especial e orgulhoso tomar-me como um deles! Como eles se divertiam em perceber que a fome expulsa o cervo da floresta para lançá-lo no galinheiro!

Ah! Procurei meu Adamas, meu Alabanda, mas nenhum apareceu.

Escrevi, por fim, também a Esmirna, e foi como se toda doçura e toda força dos homens se tivessem concentrado nesse momento em que escrevia. Escrevi três vezes, mas sem qualquer resposta. Supliquei, ameacei, rememorei todas as horas de amor e de coragem, mas nenhuma palavra sequer do inesquecível, desse amado até a morte, de Alabanda. Clamei, ó meu Alabanda! Condenaste-me definitivamente. Foste meu sustento, a última esperança de minha juventude! Só que agora já não quero mais! Agora, isso é certo e sagrado!

Lamentamos os mortos como se eles sofressem com a morte, mas os mortos estão em paz. Dor inigualável é, porém, o sentimento incessante de inteira aniquilação, quando nossa vida perde todo sentido, quando o coração se diz: deves sucumbir e nada resta de ti. Não plantaste uma flor sequer, não construíste nenhuma morada, podendo até dizer que não deixaste um só vestígio na Terra. Ah! E a alma pode sempre ainda aspirar com toda força aquilo que exaure o seu ânimo!

Buscava sempre alguma coisa, mas não ousava levantar os olhos para os homens. Em certos momentos, chegava mesmo a temer o riso de uma criança.

Sentia-me não obstante calmo e paciente, na maior parte das vezes. Como uma estranha superstição, acreditava com frequência na força curadora de certas coisas. Esperava consolo de uma pomba que comprara, de um passeio de barco, de um vale que me encobria as montanhas.

Basta! Basta! Se tivesse crescido com Temístocles, se tivesse vivido entre os cipiões, minha alma jamais teria conhecido esse lado.

Hipérion a Belarmino

Por vezes, a força do espírito me assaltava. Mas decerto somente destrutivamente!

O que é o homem?, começava, então. Como é possível que exista no mundo algo capaz de fermentar como um caos e mofar como uma árvore estragada, sem nunca alcançar maturidade? Como a natureza tolera esse amontoado perto de seus doces cachos de uva?

Ele diz para as plantas: já fui um dia como vós! E para a pureza das estrelas: quero ser assim num outro mundo! Todavia, ele tudo dispersa e rompe, exercita suas artes na ilusão de poder recompor a vida dissolvida como uma obra de alvenaria. Tampouco lhe incomoda se os seus feitos não trazem nenhuma melhora. Pois tudo o que faz não passa de artifício.

Ó, pobres de vós, que sentis tudo isso, que também não pretendeis falar da determinação humana, que sois tocado sempre ainda pelo nada que nos domina, que vedes tão profundamente que nascemos para o nada, que amamos um nada, que cremos em um nada, que trabalhamos para nada a fim de, algum dia, nos transferirmos para o nada. O que posso fazer se quebrais os joelhos quando refletis com honestidade? Também mergulhei algumas vezes nesses pensamentos e perguntei ao espírito cruel: por que deitas o machado em minhas raízes? E eis que ainda estou aqui.

Ó, outrora, irmãos sinistros, que diferença! Tanta beleza, tanta beleza e alegria, sobre nós e diante de nós. Também esses corações carregavam fantasmas distantes e venturosos, e nossos espíritos audazes e felizes nos impeliam para romper fronteiras. Mas quando se viam, ai!, que vazio infinito.

Ó! Posso lançar-me de joelhos e minhas mãos entreunirem-se e suplicar. Mas o quê? Pelo quê? Por novos pensamentos. Não a subjugo, porém, verdade gritante. Já não me convenci duplamente? Quando me elevo para o espírito, o que é, de tudo, o mais elevado? O nada.

Mas calma, meu coração! Desperdiças a tua última força! Tua última força? E tu, queres assaltar o céu? Onde estão as tuas centenas de braços? Titã, onde estão os teus Pélion e Ossa, tuas escadas para que possas ascender ao burgo do pai dos deuses e lançar-te diante do deus, à mesa dos deuses e a todos os imortais do Olimpo e, então, pregar para os mortais: permanecei aí embaixo, filhos do instante! Não cobiceis essas alturas, pois aqui em cima não há nada.

Decerto, se sois mais ricos do que eu, poderei ainda servir de alguma ajuda.

Se o vosso jardim está cheio de flores, por que o seu sopro não chega a me alegrar? Se estais mesmo cheios do divino, dai-me, então, de beber. Na festa, ninguém, nem mesmo o mais pobre, é indigente. Mas somente um festeja convosco: a morte.

Indigência, angústia e noite são os vossos senhores. Essas vos distinguem, conduzindo-vos a golpes secos. Chamais de amor a fome, e onde não sois mais capazes de vê-lo, aí moram os vossos deuses. Deuses e amor?

Os poetas têm razão. Nada é tão pequeno e tão pouco que não se possa admirar.

Assim pensei. Como cheguei a tudo isso, não consigo entender.

Livro II

HIPÉRION A BELARMINO

Vivo agora na ilha de Ajax, a cara Salamina.

Amo, por toda parte, essa Grécia. Ela traz as cores de meu coração. Onde quer que lance o olhar, está enterrada uma alegria.

E, no entanto, também há tanto de amável e de grande em torno de cada um.

Construí, no promontório, um abrigo com galhos de mástique e plantei ao seu redor musgo e árvores, tomilho e todos os tipos de arbustos.

Tive ali minhas horas mais adoráveis. Sentei-me ali noites inteiras, contemplando a Ática até meu coração bater por fim forte demais. Tomava, então, meus utensílios, descia até a baía e buscava alguns peixes.

Ou lia, lá no alto, sobre a antiga e magnífica batalha naval que outrora enfureceu Salamina num tumulto selvagem, sabiamente dominado. Meu espírito se alegrava, pois podia controlar o caos desenfreado de amigos e inimigos e domá-lo como faz o cavaleiro com o corcel e, no mais íntimo de mim, sentia vergonha de minha própria história de guerra.

Ou então olhava para o mar, refletindo sobre minha vida, sua ascensão e sua queda, sua ventura e seu luto. E meu passado soava-me muitas vezes como a lira em que o mestre percorre todos os sons, conciliando luta e consonância numa ordem velada.

Hoje, aqui no alto, está três vezes mais belo. Dois dias amigáveis de chuva refrescaram o ar e a terra cansada de viver.

O solo tornou-se mais verde, o campo mais aberto. O trigal dourado misturado com loios alegres estende-se infinitamente e, do fundo do bosque, milhares de cumes esperançosos se alçam claros e contentes. Cada linha da distância atravessa o espaço, com delicadeza e grandeza. Como degraus, as montanhas sobem incessantemente uma após outra, em direção ao Sol. Todo o céu está puro. A luz branca é somente um hálito sobre o éter e, como nuvenzinha de prata, a lua tímida palpita sobre o dia transparente.

Hipérion ou o Eremita na Grécia

Kap Sunion/Cabo Sounion, Staatliche Graphische Sammlung.

Hipérion a Belarmino

Faz muito tempo que não me sinto como agora.

Como a águia de Júpiter faz com o canto das musas, escuto o som infinito e maravilhoso dentro de mim. Sem turbulência na mente e na alma, forte e alegre, com honestidade sorridente, jogo em pensamento com o destino e as três irmãs, as Parcas divinas. Cheio de juventude divina, todo o meu ser desprende uma alegria sobre si e sobre tudo mais. Como o céu estrelado, estou calmo e comovido.

Muito esperei por esse tempo de festa para te escrever novamente. Agora, estou suficientemente forte. Agora, posso te contar.

Em meio a meus dias sombrios, recebi o convite de um conhecido de Calauria. Deveria ir até a sua montanha, escreveu-me. Aqui vive-se mais livremente do que em qualquer outro lugar. Aqui também crescem, entre florestas de pinheiros e águas atraentes, limoeiros e palmeiras, ervas delicadas, murtas e a vinha sagrada. Construiu, no alto da montanha, um jardim e uma casa: árvores densas sombreavam a parte traseira, brisas suaves a atravessavam nos dias escaldantes de verão. Como pássaro sobre os cedros, podiam-se avistar as profundezas, as aldeias e as verdes colinas, o conjunto feliz de ilhas que como crianças cercavam a montanha magnífica e se aproximavam de seus riachos espumantes.

Isso me animou um pouco. Fazia um dia jovial e azul de abril, quando tomei o barco até lá. O mar estava inusitadamente belo e puro, e o ar leve, como nas regiões mais elevadas. Em barcos flutuantes, deixava-se para trás a terra como se faz com a refeição deliciosa quando se começa a servir o vinho sagrado.

A mente sombria reagia contra a influência do mar e do ar, mas em vão. Entreguei-me sem nada perguntar sobre mim e os outros, nada buscando, nada refletindo, deixando-me quase adormecer pelo acalento do barco, até dar-me conta de que estava em Naxos de Caronte. Oh! Como é doce beber assim da taça do esquecimento.

Meu condutor satisfeito teria conversado prazerosamente comigo, se eu não me mantivesse tão monossilábico.

Apontou com o dedo, mostrando à direita e à esquerda a ilha azul. Olhei rapidamente, porém, retornando de imediato aos meus próprios sonhos queridos.

Ao mostrar, por fim, lá longe o cimo tranquilo, dizendo que logo estaríamos em Calauria, prestei mais atenção, e todo o meu ser abriu-se para a força maravilhosa que, de uma só vez, de maneira doce, calma e inexplicável, me arrancou para os seus jogos. Com olhos grandes, espantados e felizes, olhei para os mistérios da distância. Meu coração tremeu levemente e minha mão desprendeu-se por si mesma, tocando amigavelmente meu condutor. Perguntei, então, é Calauria? E, como ele respondeu com um olhar, fiquei sem saber o que fazer. Saudei meu amigo com maravilhosa ternura. Todo meu ser estava repleto de doce inquietação.

À tarde, quis logo explorar uma parte da ilha. As florestas e vales escondidos me provocavam de modo indescritível, e o dia amigável tudo distendia.

Era tão visível como tudo o que é vivo cobiça mais do que a refeição diária, como o pássaro e o animal também têm a sua festa.

Era fantástico ver! Como quando uma mãe adulando os seus queridos pergunta onde está o seu predileto e todos os filhos se precipitam para o seu colo, e até o menorzinho estica os braços do berço, assim também toda a vida voava, saltava e esticava-se para o ar divino. E escaravelhos, andorinhas, pombos e cegonhas amontoavam-se numa confusão solta, rumo às profundezas e às alturas, e o que à terra se prendia via seus passos alçarem-se no voo. O corcel indomado saltava as fossas e as corças, os seus gradis, e do fundo do mar pulavam os peixes, sobressaltando a superfície. O ar maternal penetrava tudo até o coração, tudo sublevando e atraindo para si.

Os homens saíam de suas portas e sentiam maravilhados o sopro do espírito, como ele se mexia sobre as frontes e os cabelos delicados, como refrescava o raio de luz e abria, cheio de amizade, as suas vestes para recebê-lo em seu peito, respirando com maior doçura, tocando com maior ternura o mar leve, claro e adulador, onde viviam e teciam.

Ó irmão do espírito, que rege e vive ígneo e poderoso dentro de nós, ó ar divino! Como é belo que me acompanhes o passo. Ó onipresente, imortal!

É com as crianças que o elemento mais elevado brinca com maior beleza.

Uma delas sussurrava pacificamente para si mesma, outra deixava escapulir dos lábios uma cançãozinha descompassada, outra liberava alegria de garganta aberta. Uma pulava às alturas e outra circunspecta divagava com profundidade.

E tudo isso falava a língua de um bem-estar. Tudo respondia às carícias das brisas estimulantes.

Estava cheio de uma saudade e paz indescritíveis. Uma força estranha apoderou-se de mim. Espírito amigo, disse a mim mesmo, para onde me chamas? Para os Elíseos? Para onde?

Andei por uma floresta, ao longo de uma água corrente até onde começava a gotejar os rochedos, até onde escorregava sobre os seixos e o vale aos poucos começava a inofensivamente estreitar-se para formar um arco de passagem. E a luz do meio-dia brincava no escuro silente.

É aqui que gostaria de poder falar, meu Belarmino! Que gostaria de escrever-te em paz!

Falar? Ó, sou mesmo um leigo na alegria, pois quero falar!

É que a calma habita a terra dos bem-aventurados e, sobre as estrelas, o coração esquece a sua indigência e a sua língua.

Preservei-o de modo sagrado! Como um Paládio, carreguei dentro de mim o divino em seu aparecer! E quando o destino apoderou-se de mim, lançando-me de um abismo a outro, afogando todas as minhas forças e pensamentos, esse único haverá de sobreviver a mim, dentro de mim, brilhando, dominando, numa clareza eterna e indestrutível!

Assim estavas cunhada, doce vida, assim erguias o olhar, te impunhas e te colocavas de pé, numa plenitude esbelta, numa calma, e o rosto celeste ainda se encontrava cheio de ardor feliz, e foi então que vim te importunar!

Oh, aquele que viu a serenidade desses olhos, aquele para quem esses doces lábios se abriram, o que ainda teria para dizer?

Paz da beleza! Paz divina! Como alguém que, alguma vez, serenou a vida enfurecida e o espírito duvidoso poderia ajudar um outro?

Nada posso dizer sobre ela, mas existem horas em que o melhor e o mais belo aparecem como em nuvens, e o céu da plenitude abre-se diante do amor pressentido. Então, meu Belarmino, então, pensa sobre o teu ser, ajoelha-te comigo e pensa sobre a minha ventura! Mas não te esqueças que já possuía o que suspeitavas, que vi com esses olhos o que, para ti, só aparece como em nuvem.

Que os homens por vezes gostariam de dizer que se alegraram! Oh, mas podeis bem acreditar, não suspeitais o que é a alegria! A sombra de vossas sombras ainda não vos apareceu. Oh, ide e não faleis do éter azul, vós, cegos!

Que se possa vir a ser como as crianças, que a idade áurea da inocência possa retornar, a idade da paz e da liberdade, que ainda reste uma alegria, um abrigo de calma sobre a Terra!

Não estará o homem envelhecido e murcho, não será ele como uma folha caída que não mais encontra o seu tronco, deixando-se apenas varrer pelos ventos até enterrar-se na areia?

E, no entanto, a sua primavera retorna!

Não choreis quando fenece o mais propício! Logo haverá de rejuvenescer! Não vos entristeçais quando emudece a melodia de vossos corações! Logo haverá de reencontrar uma mão para afiná-la.

E eu? Não era como uma lira despedaçada? Soava um pouco ainda mas eram tons de morte. Cantei um sombrio canto do cisne! Teria gostado de tecer uma coroa de flores, mas só possuía flores de inverno.

E onde se encontravam agora a calma da morte, a noite e o ermo de minha vida? E toda a indigência da mortalidade?

A vida é sem dúvida pobre e sozinha. Habitamos aqui como diamante no poço. Perguntamos em vão como aqui chegamos para assim descobrirmos o caminho do alto.

Somos como fogo que dorme no galho seco ou no seixo. Cercamos e buscamos a cada momento o fim do estreito aprisionamento. Mas os momentos de libertação haverão de chegar e compensar as eras de luta, em que o divino explode o cárcere, em que a chama da madeira se libera, elevando-se vitoriosamente sobre as cinzas. Ah! Em que haveríamos de sentir como se o espírito acorrentado se liberasse das correntes, esquecesse das dores da configuração escrava e, triunfante, retornasse para a entrada do sol.

Hipérion a Belarmino

Já fui feliz, Belarmino! Não sou mais? Não seria, mesmo que o momento sagrado quando te vi pela primeira vez tivesse sido o último?

Avistei, uma única vez, o único, aquele que minha alma procurava, e a plenitude, que transferimos para além das estrelas, que adiamos até o final dos tempos, eu a senti presente. O mais elevado ali estava, ali estava nesse círculo da natureza humana e das coisas!

Não pergunto mais onde está. Estava no mundo, pode retornar para o mundo, está agora no mundo, só que nele velado. Não pergunto mais onde está. Eu o vi, eu o conheci.

Ó vós que buscais o melhor e o mais elevado nas profundezas do saber, no tumulto da ação, na obscuridade do passado, no labirinto do futuro, nos túmulos ou sobre as estrelas! Sabeis o seu nome? O nome do que é tudo e um?

Seu nome é beleza.[12]

---

12 **N.T.:** "Beleza" é a tradução da palavra alemã *Schönheit*. O termo alemão deriva-se de *scheinen* = aparecer, parecer, brilhar. O substantivo neolatino "beleza" matiza esse sentido, acrescentando a experiência

Tínheis algum saber sobre o vosso desejo? Ainda não o sei, mas pressinto o novo reino dessa nova divindade, apresso-me em sua direção, tocando os demais e os conduzindo, como o rio arrasta para o oceano as suas correntezas.

Ó tu, tu que me mostraste o caminho! Por ti comecei. Não têm valor as palavras e nem os dias que contei antes de te conhecer.

Ó Diotima, Diotima, essência celeste!

Hipérion a Belarmino

Deixa-nos esquecer que existe um tempo e não contemos os dias da vida!

O que são os séculos perto do instante em que dois seres se reconhecem e se aproximam?

Ainda consigo ver a tarde em que Notara me levou à sua casa pela primeira vez.

Ela habitava somente a alguns passos de nós, no sopé da montanha.

Sua mãe era um ser doce e pensativo, o irmão, um jovem simples e contente, e ambos consentiam de coração que, em todo afazer, era Diotima a rainha da casa.

Ah! Tudo se mostrava mais sagrado e belo na sua presença. Para onde olhava, o que tocava, o seu tapete, a sua almofa-

---

de, no aparecimento, estar em jogo um arremessar-se, um lançar-se conjuntamente do "de onde" algo aparece "para onde" aparece, no étimo *ballo*. Essa tradução não só traz à baila essa experiência neolatina do aparecimento, mas descobre, em nossa língua, uma rima profunda e correspondente à poesia de Hölderlin entre "beleza" e "natureza". A natureza não é bela enquanto mera qualidade sensível. Natureza é beleza enquanto mistério do aparecer. "A eterna beleza, a natureza não tolera em seu ser nem perdas nem ganhos". Hölderlin usa o termo beleza de maneira profundamente platônica. No final da penúltima versão do *Hipérion*, pode-se ler: "(Ser) existe como beleza; aguarda, para falar com Hipérion, um novo reino sobre nós, um reino em que a beleza é rainha. Acho que por fim haveremos todos de dizer: Santo Platão, perdoa-nos! contra ti pecou-se gravemente.

da, a sua pequena mesa, tudo mantinha com ela um elo secreto. E quando ela chamou meu nome pela primeira vez, quando ela se aproximou de mim a ponto de seu fôlego inocente tocar o meu ser em escuta!

Falamos muito pouco entre nós. Pode-se envergonhar da própria língua. O desejo era de tornar-se um som para unir-se num único canto celeste.

De que haveríamos de falar? Olhavam-nos apenas. Não ousávamos falar de nós.

Falamos por fim da vida da Terra.

Para ela nunca se cantara um hino tão ardente e pueril.

Fez-nos muito bem disseminar a abundância de nosso coração sobre o peito da mãe bondosa. Sentíamos aliviados como as árvores que o vento de verão sacode os galhos frutíferos, lançando na grama as suas doces maçãs.

Nomeamos a terra uma das flores do céu e o céu, jardim infinito da vida. Como a rosa se alegra com seu pólen dourado, dissemos, assim também a luz do Sol, em sua coragem heroica, alegra a Terra com seus raios. É um ser vivo magnífico, prosseguimos, igualmente divino, quando o fogo enraivecido ou a água clara e suave lhe jorra no coração, sempre feliz, quando se alimenta das gotas de orvalho ou das nuvens de tempestade, preparando o regozijo com a ajuda do céu, a metade sempre fiel e amante do deus do Sol, na origem formando com ele talvez um só ser para depois dele então separar-se através de um destino todo poderoso, e isso a fim de que ela o procure, dele se aproxime, distancie e amadureça, no prazer e na dor, até a beleza mais elevada.[13]

Assim falamos. Narro para ti o conteúdo, o espírito. Mas o que é isso sem a vida?

A tarde caía e devíamos partir. Boa noite, olhos de anjo! pensei no coração, e que tu me reapareças, logo, belo espírito divino, em tua calma e plenitude!

---

13 **N.T.:** Referência ao Simpósio de Platão (189c-193d).

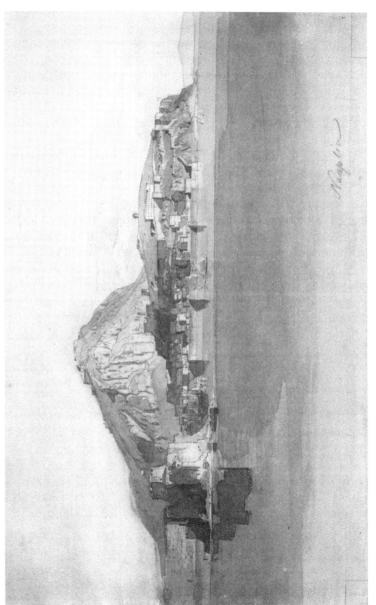

Nauplia/Náuplia, Staatliche Graphische Sammlung.

Hipérion a Belarmino

Alguns dias depois foi ela quem veio até nós. Passeamos no jardim. Diotima e eu lançados na profundidade, chegamos antes dos outros, lágrimas de felicidade brotavam com frequência de meus olhos em virtude da felicidade, do sagrado que sem pretensões caminhava ao meu lado.

Chegando no cimo da montanha, paramos e voltamos o olhar para o Oriente infinito.

O olhar de Diotima abriu-se amplo, e, como um botão desabrocha, o rosto amado desabrochou suave diante das brisas celestes, cheio de língua e alma. Como ao se aprontar para iniciar o voo até as nuvens, toda a sua figura se elevava ternamente em leve majestade, e os pés quase não tocavam a terra.

Oh, como gostaria de tê-la tomado nos braços como a águia o seu Ganimedes e, com ela, sobrevoar o mar e suas ilhas.

Ela avançou um pouco mais e contemplou o muro íngreme do penhasco. Seu prazer era medir a profundeza tremenda e perder-se na noite das florestas que, entre os trechos de penhasco e os riachos espumantes, se estendiam no cimo luminoso.

O terreno sobre o qual ela se apoiava era um pouco mais baixo. Tinha que por isso segurá-la, a adorada, quando se inclinava para a frente. Ah! Delícias quentes e trêmulas percorriam meu ser, todos os meus sentidos eram êxtase e vertigem e, ao tocá-la, as mãos me queimavam como carvão.

E o prazer de meu coração em ficar perto dela tão fielmente, o cuidado terno e pueril para que ela não caísse e a alegria pelo entusiasmo da jovem magnífica!

Perto de um instante de amor, o que significa tudo o que os homens fizeram e pensaram durante milênios? Na natureza, isso é também o mais bem-sucedido, a beleza divina! Na soleira da vida, é para lá que conduzem todos os degraus. De lá viemos, para lá iremos.

Hipérion a Belarmino

Mas teria de esquecer o seu canto, mas esses sons da alma não mais deveriam retornar em meus sonhos incessantes.

Não se reconhece o navegar orgulhoso do cisne, quando ele se senta adormecido na margem.

Somente em seu canto era possível reconhecer a amada silenciosa, tão pouco dada à fala.

Só então surgia a celestial despercebida, com toda a sua graça e majestade, soprando tantas vezes de seus lábios meigos e em flor, ora como súplica, ora como lisonja, ora como mensagem dos deuses. E como se inflama o coração nessa voz divina, como toda grandeza e humildade, todo prazer e toda dor da vida pareciam mais belos na nobreza desses sons!

Como andorinha tentando segurar abelhas no voo, ela sempre conseguia nos capturar.

Não era nem prazer e nem encantamento, mas paz celeste, o que surgia entre nós.

Milhares de vezes disse a ela e a mim: o mais belo é também o mais sagrado. E assim era tudo nela. Como o seu canto, também a sua vida.

Hipérion a Belarmino

Entre as flores, seu coração sentia-se em casa como se fosse uma delas.

Ela as chamava pelo nome, recriava-as pelo amor ainda mais belas e sabia, com precisão, o tempo mais feliz da vida de cada uma.

Como uma irmã que vê em cada esquina surgir um amado, e onde cada um quer receber primeiro o seu beijo e seu abraço, assim também o ser tranquilo venturosamente distraído tinha os olhos e as mãos ocupados enquanto caminhávamos no prado ou na floresta.

E isso não era de modo algum pretendido, construído. Isso crescera com ela.

É eternamente sabido, e pode-se ver em toda parte que, quanto mais inocente e bela uma alma, tanto mais confiante ela se coloca perto desses seres felizes que chamamos de inanimados.

Hipérion a Belarmino

Na alegria de meu coração, quantas vezes não ri dos homens que imaginam um espírito sublime como incapaz de preparar um legume. Diotima podia falar oportunamente e cheia de coração do fogão de lenha. E sem dúvida nada é mais nobre do que uma jovem que providencia a chama toda benévola e, à semelhança da natureza, prepara a refeição que contenta o coração.

Hipérion a Belarmino

O que é todo saber artificial do mundo, o que é toda a orgulhosa pretensão dos pensamentos humanos perto dos sons espontâneos desse espírito que não sabia o que sabia, o que era?

Quem não prefere a uva plena e fresca brotando da raiz às bagas secas e cultivadas que o vendedor comprime no cesto e envia para o mundo? O que é a sabedoria de um livro perto da sabedoria de um anjo?

Ela parecia sempre dizer tão pouco, mas dizia tanto.

Num crepúsculo tardio, acompanhei-a certa vez até em casa. Como sonhos, nuvens pequenas de orvalho espiavam o prado. Como gênios à espreita, as estrelas venturosas olhavam por entre os galhos.

Raramente ouvia-se de sua boca um "que belo". Se bem que o coração piedoso não deixasse de atentar a um só sussurro das folhas, a um só murmúrio das fontes.

Mas eis que dessa vez ela me disse "que belo"!

"É belo demais", respondi mais ou menos como as crianças que às vezes dizem alguma coisa sem brincadeira, mas tampouco sem seriedade.

"Posso imaginar o que disseste", ela retrucou. "O que mais gosto é de pensar o mundo como uma vida caseira em que cada um se lança despreocupadamente para o outro, e em que se convive, cheio de gosto e alegria, porque tudo provém mesmo do coração".

"Crença sublime e feliz!", exclamei.

Ela ficou calada por algum tempo.

"Somos também crianças da casa", recomecei, "por fim, somos e seremos".

"Seremos eternamente", ela respondeu.

"Seremos", perguntei?

"Confio nisso", prosseguiu, "como dia a dia confio na natureza".

Como gostaria de ser Diotima quando ela disse isso. Mas não sabes o que ela disse, meu Belarmino! Não viste e não ouviste.

"Tens razão", respondi. "A eterna beleza, a natureza não tolera em seu ser nem perdas e nem ganhos. Amanhã sua joia é diferente da que hoje possui. Mas ela não pode se privar do nosso melhor, ao menos, do teu. Acreditamos em nossa própria eternidade porque nossa alma sente a beleza da natureza. Se te perdesse, porém, ela seria apenas fragmento, o divino que não se completa. Ela não mereceria teu coração se devesse sentir vergonha de tuas esperanças".

Hipérion a Belarmino

Nada conheci tão alheio à necessidade, tão afeito ao divino.

Como as ondas do oceano fogem para as margens aventuradas, assim fugia meu coração inquieto para a paz da jovem celeste.

Nada tinha para lhe oferecer, a não ser um ânimo cheio de contradições selvagens, cheio de lembranças sangrentas. Nada tinha para lhe oferecer, a não ser meu amor sem fronteiras, com suas mil preocupações, suas mil esperanças surdas. Ela porém estava diante de mim, numa beleza sem mudanças, sem esforço, numa plenitude risonha, e toda saudade, todo sonho da mortalidade, ah!, tudo o que nas horas áureas da manhã profetisa das regiões elevadas do gênio, tudo era completo nessa alma una e calma.

Costuma-se dizer todavia que a luta se desfaz sobre as estrelas. E costuma-se prometer, mas somente no futuro, quando a nossa levedura tiver abaixado, que a fermentação da vida transformar-se-á no vinho nobre da alegria,[14] que não mais será preciso buscar nessa terra a calma de um coração aventurado. Comigo foi diferente. Cheguei pelo caminho mais próximo. Estava diante dela, ouvindo e vendo a paz celeste. Foi em meio ao caos soluçante que Urânia me apareceu.

Quantas vezes apaziguei os lamentos diante dessa imagem! Quantas vezes acalmei a vida desse ânimo orgulhoso e o espírito impetuoso quando, mergulhado em considerações venturosas, a olhava no coração como se olha a fonte no momento em que treme com os movimentos do céu que sobre ela respingam nas gotas de prata!

Ela era meu Lete, essa alma, meu Lete sagrado, de onde bebia o esquecimento da existência, pondo-me diante dela como um imortal, dispondo-me alegremente. E, após sonos pesados, acabava por rir de todas as correntes que me aprisionavam.

Ó, com ela teria sido um homem feliz, um homem excelente!

Com ela! Mas isso fracassou e, agora, persigo a errância do que é em mim, do que se acha diante de mim e ainda além. E não sei o que fazer de mim e das outras coisas.

Minha alma é como um peixe retirado de seu elemento e jogado à margem, na areia, retorcendo-se e contorcendo-se até ressecar na quentura do dia.

---

14   **N.T.:** É muito provável que Hölderlin conhecesse a etimologia, proposta por Leibniz em sua *Collectanea Etymologica*, de espírito, em alemão *Geist*, a partir da antiga palavra *Gest* = fermento, levedura, palavra ainda presente nas línguas inglesa e escandinavas. O espírito em Höderlin não tem a ver com uma dimensão ontológica do suprassensível. Ele é ao contrário fermentação da vida. Cf. p. ex. o poema de Hölderlin intitulado "Pão e Vinho". Só o tempo é doação. Isso é o espírito.

Ó, se ainda houvesse no mundo algo que pudesse fazer! Se houvesse, para mim, um trabalho, uma guerra, isso haveria de me reanimar!

Do jovem arrancado do seio materno e lançado no deserto, conta-se que foi amamentado por uma loba.

Meu coração não é tão feliz assim.

Hipérion a Belarmino

Sobre ela, posso somente dizer aqui e ali uma pequena palavra. Devo esquecer o que ela é em sua inteireza, ao falar sobre ela. Devo iludir-me como se ela tivesse vivido em tempos arcaicos, como se o que dela soubesse fosse por um conto, se não quiser que a sua imagem viva me envolva a ponto de perecer no fascínio e na dor, se não devo perecer com a morte da alegria com ela e a morte do luto por ela.

Hipérion a Belarmino

É em vão. Não posso escondê-lo de mim. Para onde quer que fuja com meus pensamentos, para o alto do céu, para o abismo, para o começo ou o fim dos tempos, para o magnífico espírito secreto do mundo, mesmo esse que foi o meu último refúgio, que chegou a consumir dentro de mim toda preocupação, que chegou a inflamar todo prazer e toda dor da vida com a chama de fogo que o manifestou, mesmo ao lançar-me em seus braços, mesmo ao mergulhar em seu fundo como no abismo do oceano, mesmo aí, reencontro os doces pavores, esses doces pavores, enlouquecedores e mortais, pois o túmulo de Diotima está bem próximo de mim.

Estás ouvindo? Estás ouvindo? O túmulo de Diotima!

Meu coração ficou, porém, tão quieto, e meu amor enterrou-se como a morta que amei.

Sabes, meu Belarmino, não te escrevi muito sobre ela e quando escrevi, escrevi sereno, assim acredito.

E agora?

Subo a margem e olho em direção a Calauria, onde ela descansa, lá no alto.

Oh, que ninguém empreste a barca, que ninguém tenha piedade de mim e me ofereça o remo, ajudando-me na sua direção! Que o mar bondoso não fique calmo para que eu não possa segurar um tronco de madeira e nadar em sua direção.

Quero lançar-me no mar surdo e pedir às suas ondas que me lancem para as margens de Diotima.

Caro irmão! Consolo meu coração com toda espécie de fantasia, busco alguns soníferos. Bem maior, porém, do que recorrer a paliativos seria libertar-se para sempre. Mas para quem não é assim? Estou satisfeito assim.

Satisfeito? Ah! Seria bom! Teria ajudado onde nem mesmo um deus pode ajudar.

É! É! Fiz o que pude! Reivindico ao destino a minha alma.

Hipérion a Belarmino

Ela não foi minha, irmãs do destino, não foi? Reivindico o testemunho das fontes puras e das árvores inocentes que nos espreitaram, e da luz do dia e do éter! Ela não foi minha? Una comigo em todos os sons da vida?

Onde está o ser que a reconheceu como o meu? Em que espelho, como em mim, reuniram-se os raios dessa luz? Ela não se assustou, cheia de contentamento, ao perceber sua própria magnificência revelada em minha alegria? Ah! Onde está o coração que, como o meu, lhe permaneceu sempre tão próximo que, como o meu, a preencheu e dela se viu preenchido, que existiu unicamente para recebê-la, assim como o cílio existe para os olhos?

Éramos uma única flor, e nossas almas viviam uma na outra, como a flor, quando ama, esconde suas ternas alegrias em cálices fechados.

E, no entanto, no entanto, não me foi arrancado como uma coroa usurpada e depositada na poeira?

Hipérion a Belarmino

Antes mesmo de um de nós saber, já nos pertencíamos.

Quando me colocava diante dela, com todas as homenagens do coração, cheio de ventura na submissão, e silenciava, doando minha vida aos raios do olhar que só a ela viam, que somente a ela abraçavam, e, numa dúvida carinhosa, ela me observava sem saber onde eu estava com meus pensamentos. Quando eu, tantas vezes, enterrado no prazer e na beleza de espreitá-la numa ocupação estimulante e, ao mais leve movimento, minha alma a circundava e sobrevoava como as abelhas nos galhos bambos. E quando, em pensamentos pacíficos, ela se voltava para mim e, surpreendida pela minha alegria, tinha de esconder-se, e no trabalho amoroso procurava e reencontrava a sua paz...

Quando ela, maravilhosamente ciente do tudo, desvelava cada som da alegria, cada ruído no fundo de meu ser, no momento de seu começo antes mesmo de eu percebê-lo, quando avistava cada sombra de nuvem em minha fronte, cada sombra de melancolia e orgulho em meus lábios, cada chama em meus olhos. Quando auscultava cada fluxo e refluxo de meu coração, pressentindo com cuidado horas sombrias, enquanto meu espírito, num excesso de intemperança e prodigalidade, consumia-se em conversas suntuosas. Quando o ser amável, fiel como um espelho, traía cada mudança em minha face e, na amabilidade, preocupava-se com minha essência inconstante, muitas vezes, advertindo-me e castigando-me como a uma criança querida...

Ó inocente, tu que contaste nos dedos os degraus de nossa montanha que desciam até a tua casa, que me indicaste teus caminhos de passeio e os lugares em que te sentavas, que me narraste como te passou o tempo, dizendo, por fim, que era como se eu sempre tivesse estado ali...

Não já nos pertencíamos de há muito um ao outro?

Koparsee/Mar na Cálcida, Staatliche Graphische Sammlung.

Hipérion a Belarmino

Construo um túmulo para o meu coração a fim de que ele possa descansar. Recolho-me num casulo porque em toda parte é inverno. Nas lembranças felizes, lanço-me na intempérie. Sentamo-nos certa vez com Notara – assim chamava-se o amigo que me hospedava – e alguns outros, que como nós contavam entre os estranhos de Calauria, no jardim de Diotima, entre amendoeiras em flor e discutimos a amizade.

Disse muito pouco, pois fazia algum tempo que evitava pronunciar muitas palavras sobre o que toca de tão perto o coração. Minha Diotima havia me tornado tão monossilábico.

"Enquanto Harmódio e Aristogíton[15] viveram", disse um, "ainda havia amizade no mundo. Isso me alegrou de tal modo que não consegui manter-me em silêncio".

"Dever-se-ia tecer para ti uma coroa por conta dessas palavras!", dirigi-me a ele. "Conheces alguma parábola, tens realmente uma ideia do que foi a amizade entre Aristogíton e Harmódio? Desculpa-me! Mas pelos céus! É preciso ser Aristogíton para intuir como Aristogíton amou, e aquele que quis ser amado pelo amor de Harmódio não deveria temer o raio, pois, se não me engano, esse jovem terrível amou com o rigor de um Minos. São poucos os que passaram essa prova. Também não é fácil ser amigo de um semideus e nem sentar-se como Tântalo à mesa dos deuses. Na Terra, porém, nada é mais maravilhoso do que ver um par orgulhoso como esse, um tão submisso ao outro".

É também minha esperança, minha alegria em horas solitárias, que tons assim tão grandiosos e outros ainda maiores se possam devolver à sinfonia do decorrer de mundo. Duran-

---

15 **N.T.:** Harmódio e Aristogíton são conhecidos como os "liberadores", os "tiranicidas", heróis de Atenas, por terem desempenhado um papel importante na liberação de Atenas da tirania de Pisístrato. Tucídides e Heródoto os apresentam como um par amoroso. O poeta ateniense Calistrato dedicou-lhes uma ode, traduzida por muitos poetas modernos, dentre os quais Edgar Allan Poe, numa versão de 1827.

te milênios, o amor gerou homens cheios de vida. A amizade haverá de gerá-los mais uma vez. Da harmonia das crianças surgiram outrora os povos. A harmonia dos espíritos haverá de ser o começo de uma nova história do mundo. Da felicidade das plantas começaram os homens, crescendo e crescendo até amadurecer. Desde então, vêm fermentando mais e mais, de modo incoercível, tanto dentro como fora, até chegar a esse ponto em que a espécie humana se acha em caos, e todos os que ainda sentem e veem são tomados de vertigem. Mas a beleza fugiu da vida dos homens para o espírito. Ideal torna-se o que foi natureza, quando, da árvore, por baixo ressequida e apodrecida, ainda surge um cimo fresco, verdejando ao brilho do Sol como o tronco de outrora nos dias de sua juventude. Ideal é o que foi natureza.[16] É nisso, nesse ideal, nessa divindade rejuvenescida que se reconhecem alguns poucos, como constituindo unidade, pois neles encontra-se o uno. E é a partir desses que tem início a segunda era da vida do mundo – já disse agora o suficiente para esclarecer o que penso.

Deverias ter visto Diotima levantar-se, elevar as mãos e dizer: "eu compreendi, meu amado, compreendi inteiramente, as tuas palavras".

O amor gerou o mundo, a amizade haverá de gerá-lo mais uma vez.

E então, ó porvindouros, ó novos Dióscuros, quando vierdes, demorai-vos um pouco, aí, onde dorme Hipérion, demorai-vos pressentindo sobre as cinzas desse homem esquecido e dizei: ele seria como um de nós se aqui estivesse.

Isso eu ouvi, meu Belarmino! Depois dessa experiência não seguiria de livre vontade para a morte?

---

16   **N.T.:** "Ideal torna-se o que foi natureza" é uma célebre passagem da Crítica do Juízo de Kant (*Kritik der Urteilskraft*), que inspirou o *Tratado sobre a graça e a dignidade*, de Schiller, e mais tarde o seu ensaio *Sobre poesia ingênua e sentimental* (1795/96). Höderlin discute essa passagem ainda mais pontualmente no prefácio à penúltima versão do *Hipérion*.

Sim! Sim! Já fui recompensado, eu vivi. Maior alegria um deus poderia suportar. Eu não.

Hipérion a Belarmino

Perguntas-me o que se passou comigo nessa época? Era como alguém que tudo perdeu para tudo ganhar.

Com frequência, retornava das árvores de Diotima como se bêbado de vitória. Com frequência, tinha de me apressar em deixá-la para não trair nenhum de meus pensamentos de tanto que me exacerbavam a alegria e o orgulho, a crença de todas a mais entusiasta, a de ser amado por Diotima.

Procurava, então, as montanhas mais altas, o seu ar e, como uma águia que sarou as asas ensanguentadas, meu espírito abria-se no livre, expandindo-se no mundo visível como se fosse seu. Maravilha! Muitas vezes, era como se as coisas da terra se purificassem e fundissem ouro em meu fogo, e algo divino se desprendesse delas e de mim. Assim me arrebatava a alegria. E, como eu levantava as crianças para apertá-las contra meu coração em disparada, assim saudava as plantas e as árvores! Gostaria de saber um passe de mágica para reunir, em minhas mãos livremente curvadas, o tímido cervo e todos os pássaros selvagens da floresta como uma só população caseira, de tão venturoso e exaltado o meu amor por tudo isso.

Não faz, porém, muito tempo que, em mim, tudo se apagou como uma luz e, emudecido e triste, como uma sombra, ali sentei-me em busca da vida desaparecida. Não queria lamentar e também não queria consolo. Joguei fora a esperança como um paralítico para quem as muletas se tornam insuportáveis. Envergonhei-me do choro, envergonhei-me da existência. Mas, por fim, o orgulho rompeu-se em lágrimas, e a dor, que gostaria de negar, fez-se doce, e a ela entreguei-me como uma criança ao peito.

Não, clamou meu coração, não, minha Diotima! Isso não dói. Resguarda para ti a tua paz e deixa-me seguir o meu caminho. Não te deixes perturbar em teu descanso, estrela afável, mesmo que embaixo de ti haja obscuridade e fermentação.

Ó, não deixes tua rosa empalidecer, juventude vigorosa dos deuses! Não deixes tua beleza envelhecer nas misérias da Terra. Essa é minha alegria, doce vida! Que resguardes, dentro de ti, o céu livre das preocupações. Não deves sofrer de indigência, não, não! Não deves avistar em ti a pobreza do amor.

E quando descia, novamente, em sua direção – queria perguntar ao ar e perceber no cortejo das nuvens o que haveria de ser de mim em uma hora! E como me alegrava quando, no caminho, me vinha ao encontro uma fisionomia alegre, desde que não fosse demasiado seco o seu "bom-dia"!

Uma jovem chegando da floresta e me colocando à venda uma cesta de morangos com um rosto que parecia querer presenteá-la, um camponês por onde eu passava que, colhendo de sua cerejeira, me chamava de seu galho, perguntando se não queria provar de sua mão cheia. Todos esses eram bons sinais para um coração supersticioso!

Se uma das janelas de Diotima encontrava-se inteiramente aberta no caminho que eu subia, como me fazia bem!

Ela talvez tivesse olhado para fora há pouco tempo.

E agora estava eu diante dela, ofegante e trêmulo, pressionando os braços cruzados contra o meu coração para não sentir o seu tremor e, como o nadador que se lança na água corrente, também meu espírito debatia-se a fim de não sucumbir no amor infinito.

"Sobre o que vamos falar hoje?", eu perguntava de vez em quando. Às vezes é tão difícil encontrar a matéria para nela ancorar os pensamentos.

"Será que vão evaporar no ar?", respondeu minha Diotima. "Deves amarrar chumbo nas asas ou será que devo prendê-los como fez o jovem com o dragão voador para que eles não fujam?"

A jovem adorável tentava ajudar a si e a mim, mas pouco conseguia.

"Sim! Sim!", disse eu, "como quiseres, como achares bom... Devo te ler alguma coisa? Tua lira ainda deve guardar a afinação de ontem. Mas não tenho nada aqui para ler..."

"Mais do que uma vez", disse ela, "prometeste-me narrar como vivias antes de nos conhecermos, por que não agora?".

"É verdade", respondi. Meu coração aproveitou com gosto a oportunidade e contei, como faço para ti, sobre Adamas e meus dias solitários em Esmirna, sobre Alabanda e como dele me separei, sobre a doença inconcebível de meu ser que antecedeu minha chegada a Calauria. "Agora sabes tudo", disse-lhe sereno, "quando terminei. Agora não te surpreenderás tanto comigo. Agora poderás dizer", acrescentei sorrindo, "não zombes desse vulcão se ele claudica, pois os deuses o precipitaram duas vezes do céu para a Terra".

"Quieto", ela revidou com voz embargada, escondendo as suas lágrimas no lenço, "podes zombar de teu destino mas não de teu coração! Pois ele eu compreendo melhor do que tu o fazes.

Meu amado, amado Hipérion! É difícil ajudar-te".

"Sabes", prosseguiu ela com voz mais elevada, "sabes do que te ressentes, sabes a única coisa que te falta, o que procuras como Alfeu sua Aretusa,[17] o que te afliges em teu luto? Não faz tanto tempo que isso aconteceu, não se sabe precisar quando ali se encontrou nem quando partiu, mas isso já foi e é, isso é dentro de ti! O que buscas é um tempo melhor, um mundo mais belo. Só esse mundo abraçaste em teus amigos. Foste com eles esse mundo".

---

17 **N.T.:** Alfeu é o nome do deus-rio que corre no Peloponeso, entre a Arcádia e a Élida. Apaixonado por Aretusa, uma das ninfas que faziam parte do cortejo de Artemis, Alfeu tornou-se caçador. Por ele perseguida, Aretusa fugiu para Siracusa. Sempre perseguida por Alfeu caçador, conta-se que se metamorfoseou em fonte. Por amor, Alfeu misturou suas águas às da fonte de Aretusa.

Em Adamas, ele nasceu para ti. Com ele, também partiu. Em Alabanda, a sua luz apareceu para ti uma segunda vez, só que mais ardente e quente e, por isso, quando ele foi embora, para a tua alma foi como uma meia-noite.

Vês também por que a menor dúvida a respeito de Alabanda deveria tornar-se uma dúvida sobre ti mesmo? Percebes que o rejeitaste somente por não ser ele um deus?

Tu não querias um ser humano, acredita-me, querias um mundo. Recebeste a perda de todos os séculos áureos reunindo-os em *um* único momento de felicidade, querias substituir o espírito de todos os espíritos de tempos melhores, a força de todas as forças dos heróis por um único homem. Vês como és pobre e como és rico? Por que tanto orgulho e tanto abatimento? Por que em ti alegria e dor alternam-se tão assustadoramente?

É porque tens tudo e não tens nada, porque te pertence o fantasma dos dias áureos que devem chegar, embora ainda aí não estejas por seres um cidadão nas regiões da justiça e da beleza, um deus entre os deuses nos belos sonhos que durante o dia te espionam, e por te encontrares quando acordas no solo da Grécia moderna.

Duas vezes, disseste? Mas num mesmo dia és arremessado umas setenta vezes do céu para a Terra. Devo dizer-te isso? Temo por ti, terás dificuldade em suportar o destino desses tempos. Farás ainda outras tentativas, tu farás.

Ó meu Deus! E teu último abrigo será um túmulo.

Não, Diotima, não, pelos céus, não! Enquanto uma melodia ainda puder me entoar, não recearei o silêncio morto dessa terra desolada sob as estrelas. Enquanto o Sol e Diotima brilharem, não haverá noite para mim.

Que os sinos da morte ressoem sobre as virtudes! Eu te escuto, escuto a canção de teu coração, ó minha amada! E enquanto tudo obscurece e fenece, encontro vida imortal.

"Ó Hipérion", ela exclamou, "o que dizes?".

"Digo o que devo dizer. Não posso, não posso mais esconder tanta ventura, tanto medo e preocupação, Diotima! Sim, tu sabes, tu deves saber, já previstes que haverei de sucumbir quando a tua mão não mais me alcançar".

Ela ficou comovida, atordoada.

"É em mim", indagou, "em mim, Hipérion, que queres te apoiar? Sim, agora, pela primeira vez, desejo ser mais do que uma jovem mortal. Mas em tudo o que posso ser, sou tua".

"Então és tudo para mim, tudo!", disse.

"Tudo, hipócrita malvado! E a humanidade, que no final das contas é o que amas unicamente?"

"A humanidade", respondi. "Queria que a humanidade fizesse de Diotima sua palavra de redenção, que pintasse em seu estandarte a tua imagem e dissesse: hoje o divino haverá de vencer! Anjo dos céus! Um dia isso deverá acontecer!"

"Parte", ela implorou, "parte e mostra ao céu a tua transfiguração! Ela não deve ficar tão perto de mim.

Não é verdade que partirás, meu Hipérion?"

Obedeci. Quem não teria obedecido? Fui. Jamais havia deixado a sua companhia. Ó, Belarmino! Isso foi alegria, calma da vida, descanso dos deuses, alegria celeste, maravilhosa, irreconhecível.

Palavras aqui são em vão, e quem quiser uma parábola dessa alegria é porque jamais a experimentou. Exprimi-la só podia o canto de Diotima quando se sustentava, num meio dourado, entre o agudo e o grave.

Ó margens pastoras do Lete! Veredas crepusculares nas florestas elíseas! Lírios nos riachos do vale! Coroas de rosas dos montes! Creio em vós, nessa hora amigável, e digo ao meu coração: lá as encontrará e também toda a alegria perdida.

Korfu/Corfú, Staatliche Graphische Sammlung.

Hipérion a Belarmino

Quero te contar ainda mais de minha felicidade.

Quero que o peito faça a sua provação nas alegrias do passado até tornar-se como aço. Quero nelas exercitar-me até tornar-me insuperável.

Ah! Sobre minha alma elas se abatem como um golpe de espada. Mas brinco com a espada até me acostumar, sustento a mão no fogo até suportá-lo como água.

Não quero vacilar, não, quero ser forte! Não quero esconder nada de mim. De todas as venturas quero conclamar do túmulo a mais venturosa.

É incrível que o homem deva temer o mais belo. Mas é assim.

Ó, quantas vezes fugi desses momentos, dessas delícias mortais de minhas lembranças, escondendo os olhos como a criança diante de um raio! Mas nos exuberantes jardins do mundo, nada gosta tanto de crescer do que minhas alegrias. No céu e na Terra, nada surge com mais nobreza do que as minhas alegrias.

Mas é somente para ti, meu Belarmino, só para uma alma pura e livre como a tua que conto tudo isso. Não quero ser tão pródigo como o Sol em seus raios, não quero lançar minhas pérolas à massa ignara.

Desde a última conversa de nossas almas, sabia dia a dia menos de mim mesmo. Sentia que entre Diotima e eu havia um mistério sagrado.

Admirava, sonhava. Como se à meia-noite um espírito feliz me tivesse aparecido e escolhido para acompanhá-lo, assim era minha alma.

Ó, é uma mistura de rara ventura e melancolia a manifestação de nossa inexorável estranheza diante da existência comum.

Desde então, não mais conseguia ver Diotima sozinha. Havia sempre um terceiro para nos incomodar, separar, e o mundo interpunha-se entre nós como um vazio infinito. Seis dias de angústia mortal passaram-se sem que tivesse notícias de Diotima. Era como se os outros, que nos cercavam, paralisassem os meus sentidos, como se assassinassem toda a minha vida exterior para impedir que minha alma trancada pudesse tomar algum rumo e alcançá-la.

Ao querer buscá-la com o olhar, fazia-se noite para mim; ao querer dirigir-lhe uma palavra, esta se engasgava no fundo da garganta.

Ah! Quantas vezes o desejo sagrado e inominado quis arrebentar o peito e, com frequência, esse amor poderoso revolvia-se dentro de mim como um Titã prisioneiro. Tão profundo, tão irreconciliável em seu interior, o meu espírito jamais havia se rebelado contra as correntes que o destino lhe forjara, contra a lei férrea e inclemente de ser um apartado, de não ser uma única alma com sua metade amada.

A noite iluminada de estrelas havia se tornado agora o meu elemento. Pois era no fazer-se da calma, como nas profundidades da Terra, onde secretamente cresce o ouro, que irrompia a vida mais bela de meu amor.

O coração exercitava então o direito de se fazer poesia. Contava-me como antes de descer à Terra o espírito de Hipérion brincava com sua afável Diotima na entrada dos Elíseos, numa infância divina, tal como vemos os galhos da Terra embelezados pelo brilho áureo de um rio.

E, como o passado, em mim abriam-se os portais do futuro.

Voávamos, Diotima e eu, como andorinhas, peregrinávamos de uma primavera do mundo para outra, por largas regiões solares, para mais alto ainda, para outras ilhas celestes, para as costas douradas de Sírio, para o saguão dos espíritos em Arcturo.

Ó, é tão desejável beber assim as delícias do mundo num só gole com a amada.

Extasiado pelas venturosas canções de ninar que cantava para mim mesmo, adormeci entre aparições magníficas.

Como, porém, o raio da luz matutina reacendia a vida da Terra, levantei os olhos, e busquei os sonhos da noite. Haviam desaparecido como as belas estrelas, e somente o enlevo da melancolia os testemunhava em minha alma.

Sofria. Mas creio que mesmo estando entre venturosos também se sofre. Era mensageiro da alegria, essa tristeza era a penumbra acinzentada onde irrompem as incontáveis rosas da aurora.

O dia de verão escaldante tudo afugentava para as sombras escuras. Tudo também estava quieto e vazio em torno da casa de Diotima, e as cortinas ciumentas me barravam o caminho para todas as janelas.

Vivia pensando nela. Onde estás, pensei, onde meu espírito solitário pode te encontrar, jovem doce? Estás a meditar, com olhar distraído? Colocaste de lado o trabalho e, assentando o braço sobre o joelho e sobre a mãozinha a cabeça, entregas-te aos pensamentos?

Que nada perturbe a paz de minha amada quando ela refresca com doces fantasias o seu coração, que nada toque essa uva e retire o orvalho fascinante de seus frutos delicados.

Assim sonhava. Mas, à medida que meus pensamentos a espionavam pelas paredes da casa, os pés a procuravam em outros lugares; dava-me conta de estar andando pelas aleias da floresta sagrada, atrás do jardim de Diotima, onde a vira pela primeira vez. O que estava acontecendo? Eu que já tivera tanto contato com essas árvores, que lhes fora tão familiar, que nelas me havia tornado mais calmo, via-me agora possuído por uma força como se estivesse adentrando as sombras de Diana para morrer diante da divindade presente.

Prosseguia, no entanto. A cada passo, tudo se tornava para mim ainda mais maravilhoso. Quase poderia voar de tanto que o coração me propelia. Mas era como se possuísse chumbo na sola dos pés. A alma adiantou-se e abandonou os membros terrestres. Não ouvia mais nada, e diante dos olhos penumbravam e vacilavam todas as fisionomias. O espírito já estava junto de Diotima. Na luz matutina, o cimo das árvores brincava, não obstante os galhos inferiores ainda se ressentirem do frio da aurora.

"Ah, meu Hipérion!", fazia-me apelo uma outra voz. Eu me precipitava: "minha Diotima, minha Diotima!", e, em seguida, perdia as palavras, a respiração, a consciência.

Desvanece, desvanece, vida mortal, ocupação indigente em que o espírito solitário observa e conta os vinténs que acumulou aqui e ali! Estamos todos convocados para a alegria do divino!

Eis aqui uma lacuna em minha existência. Morri e quando acordei deitava no coração da jovem celeste.

Ó vida do amor! Como nela nasceste em todo vigor de uma amável e aventurada floração! Como mergulhada num sono assistido por gênios venturosos, a cabecinha fascinante repousava em meus ombros, e sorrindo uma paz doce levantava os olhos etéreos em minha direção, num espanto alegre e ingênuo de quem olha o mundo pela primeira vez.

Ficamos muito tempo nessa contemplação afável e esquecida de si, sem que nenhum de nós soubesse muito bem o que se passava, até que, finalmente, a alegria me transbordou, e minha língua perdida descobriu, nas lágrimas e na exclamação do arrebatamento, mais um começo, acordando, mais uma vez, para a existência a minha calma entusiasta.

Finalmente, olhamos ao nosso redor.

"Ó minhas árvores, velhas amigas!", disse Diotima, como se não as tivesse visto por muito tempo, e a lembrança da solidão dos dias precedentes rondava, ludicamente, a sua alegria, como as sombras que envolvem a neve virgem quando esta enrubesce ao reluzir na alegria dos brilhos vespertinos.

"Anjo dos céus!", disse, "quem pode te apreender? Quem pode dizer que te compreendeu inteiramente?".

"Admiras-te", respondeu, "que eu seja tão boa para ti? Meu amado! Modesto e orgulhoso! Serei também um daqueles que não conseguem acreditar em ti? Não sondei tua profundidade, não reconheci o gênio em suas nuvens? Podes esconder-te e não olhar para ti mesmo. Mas quero te conjurar, quero..."

Mas eis que ele está bem aí, surgido como uma estrela. Ele arrebentou a casca e aí se encontra como uma primavera. Apareceu como uma fonte cristalina de uma gruta sombria. Não é mais o Hipérion obscuro, não é mais o luto selvagem – o meu, o meu jovem magnífico!

Tudo isso me parecia um sonho. Podia acreditar nesse milagre do amor? Podia? A alegria teria então me matado.

"Divina!", clamei. "É comigo que falas? Podes então negar a ti mesma, tu que possuis a ventura de bastar a ti mesma! Podes alegrar-te comigo? Oh, vejo, sei agora o que tantas vezes suspeitei, que o homem é um manto com que um deus por vezes se reveste, é um cálice onde o céu serve o seu néctar para dar a seus filhos o que possui de melhor".

"Sim! Sim!", ela acrescentou sorrindo, "Teu irmão de nome, o magnífico Hipérion do céu, é em ti".

"Deixa-me", supliquei, "deixa-me ser teu, deixa-me esquecer de mim, deixa que toda vida em mim e todo espírito se lancem unicamente para ti. Para ti, numa consideração infinitamente venturosa! Ó Diotima, era assim que ficava diante da imagem em penumbra dos deuses, essa que minha vida criou para si mesma, diante do ídolo de meus sonhos solitários, esse que alimentei com fidelidade, que animei com minha vida, que refresquei com as esperanças de meu coração, a quem dei calor. Mas a mim nada ofereceu além do que eu a havia oferecido. E quando me vi empobrecido deixou-me na pobreza. E, agora, agora que te tenho nos braços, sinto a respiração de teu peito, os teus olhos em meus olhos. O belo presente percorre todos os meus sentidos, e eu me contenho. Possuo o que há de mais magnífico e não mais estremeço – Sim! Não sou mais o que fui, Diotima! Tornei-me igual a ti, e agora o divino brinca com o divino como as crianças brincam entre si".

"Mas deverias ficar mais calmo para mim", disse ela.

"Tens também razão, tu, a digna do amor!", exclamei, alegremente, pois do contrário as graças não se manifestarão para mim. "Pois, do contrário, não poderei ver os seus movimentos suaves e amáveis no mar da beleza. Ainda quero aprender a te ver sem que nada me escape. Dá-me somente um pouco de tempo!"

"Lisonjeador!", respondeu, "Por hoje basta, lisonjeador querido! A nuvem dourada da tarde me advertiu. Não te entristeças! Guarda para ti e para mim a pureza da alegria! Deixa que ela ressoe em ti até amanhã e não a mate pelo desânimo! As flores do coração pedem um cuidado amigável. Suas raízes estão em toda parte, mas elas mesmas só vingam na serenidade do tempo. Adeus, Hipérion!"

Assim ela partiu. Todo meu ser se inflamava ao vê-la desaparecer em sua beleza reluzente.

Ó tu!, disse, precipitando-me para ela, e, com beijos infinitos, depositei minha alma em suas mãos.

"Deus!", ela exclamou, "O que será do futuro?"

Isso me comoveu. "Perdoa-me, celeste!", disse. "Eu vou. Boa noite, Diotima! Pensa ainda um pouco em mim!"

"É o que desejo", falou, "boa noite!"

E mais nenhuma palavra, Belarmino! Teria sido demais para o meu coração paciente. Sinto-me perturbado. Quero, porém, aproximar-me das plantas e das árvores, ali me deitar e orar para que a natureza me leve para essa calma.

Hipérion a Belarmino

Nossas almas conviviam cada vez mais livres e belas.

Em nós e em torno de nós tudo se reunia numa paz dourada. Parecia que o velho mundo havia morrido e que conosco começara um novo, uma vez que tudo havia se tornado tão espiritual, forte, amável e leve. Numa união venturosa, nós e todos os seres pairávamos como um coro de milhares de sons inseparáveis no éter infinito.

Nossas conversas transcorriam como uma enxurrada azul-celeste onde brilha por vezes a areia dourada. Nossa calma era como a calma do cume montanhoso onde, na magnífica solidão das alturas, bem acima do espaço das tempestades, sopra apenas o ar divino nos cachos do andarilho audacioso.

E a tristeza sagrada e maravilhosa, quando soava em nosso entusiasmo a hora da separação, quando eu, frequentemente, dizia: "Voltamos a ser mortais, Diotima!" E ela respondia: "Mortalidade é brilho, são como as cores que vibram diante de nossos olhos, quando contemplamos o Sol por muito tempo!"

Ah! E todos os jogos venturosos do amor! As lisonjas, as preocupações, as susceptibilidades, o rigor, a tolerância.

E a sabedoria do tudo com que nos olhávamos e a fé infinita com que nos maravilhávamos.

Sim, quando ama, o homem é um Sol, que tudo vê e aclara, mas quando não ama é uma morada sombria, em que arde uma lâmpada esfumaçada.

Devia silenciar, devia esquecer e silenciar.

Mas a chama sedutora me tenta e atrai para que eu me precipite inteiramente e nela pereça como as moscas.

Em meio à ventura de toda essa doação e acolhimento excessivos, senti que Diotima se tornara quieta, cada vez mais quieta.

Perguntei, supliquei. Mas parecia que isso só a afastava. Por fim, ela implorou que não mais perguntasse, que me fosse e que, ao voltar, falasse de outra coisa. Isso também me deixou sofrido e mudo a ponto de não conseguir encontrar a mim mesmo.

Parecia-me que um destino súbito e inconcebível havia jurado de morte o nosso amor, e toda a vida fugia de mim e de tudo.

Envergonhava-me sem dúvida por isso. Sabia, certamente, que o coração de Diotima não obedecia ao impreciso.[18] Para mim, ela permanecia porém maravilhosa, e meu sentido mima-

---

18   **N.T.:** O termo "impreciso" traduz o alemão *Ungefähr*.

do e inconsolável queria sempre a presença manifesta do amor. Para ele, tesouros vedados eram tesouros perdidos. Ah! Foi na felicidade que desaprendi a esperança. Nessa época, era ainda como as crianças impacientes que choram pela maçã na árvore, pois se ela não beija os seus lábios é como se ali não estivesse. Cheio de inquietação, suplicava mais uma vez, impetuoso e humilde, carinhoso e colérico, armado de todas as modestas e potentes artimanhas do amor. Ó minha Diotima! Eis que consegui a confissão estimulante, eis que a possuo e a guardarei até o dia em que a onda sinuosa me devolva, junto com tudo o que tenho, para o antigo lar, para o seio da natureza.

A inocente! Ainda não conhecia a plenitude poderosa de seu coração e, por isso, ao sentir o terror amável de sua riqueza, a enterrava no fundo do peito. E eis que me confessou cheia de lágrimas, ó sagrada simplicidade, que me amava demais, e despedindo-se de tudo o que abraçara até então exclamava: "tornei-me tão infiel ao mês de maio, ao verão e ao outono. Não mais atento ao dia e à noite como outrora. Não pertenço mais ao céu e à terra. Pertenço somente a um, a um. Os brotos de maio, as chamas do verão, a maturidade da terra, a claridade do dia, a gravidade da noite, e a terra e o céu em mim estão reunidos nesse Um! É assim que amo!" E como ela me contemplava em seu coração cheio de prazer, como, na alegria corajosa e sagrada, tomava-me em seus belos braços, beijando-me a fronte e a boca. Ah! Como a cabeça divina, morrendo de enlevo, reclinava-se sobre meu pescoço descoberto, os doces lábios pousados sobre o peito palpitante e a sua amável respiração atravessando-me a alma. Ó Belarmino! Perco os sentidos, e o espírito me abandona.

Vejo, vejo como isso haverá de terminar. O leme caiu nas ondas e o barco será tomado e lançado contra as falésias, como uma criança pega pelos pés.

Hipérion a Belarmino

Existem grandes horas na vida. Levantamos os olhos para elas como fazemos com as figuras colossais do futuro e da Antiguidade, travamos com elas uma luta maravilhosa e se, diante delas, guardamos consistência, elas se tornam irmãs e não mais nos abandonam.

Sentamo-nos, certa vez, em nossa montanha, numa pedra da antiga cidade dessa ilha e comentamos sobre Demóstenes, o leão, como havia encontrado o seu fim, libertando-se, numa morte sagrada e escolhida, das correntes e punhais macedônios. "Esse espírito maravilhoso", disse um de nós, "deixou o mundo com escárnio". "Por que não?", perguntei. Aqui ele nada mais tinha para buscar. Atenas havia se tornado a meretriz de Alexandre, e esse grande caçador encurralava o mundo como um cervo.

"Ó Atenas!", clamou Diotima. "Sofri, muitas vezes, ao lançar o olhar e ver emergir do crepúsculo azul o fantasma do Olimpo!"

"É muito longe até lá?", perguntei.

"Um dia de viagem, talvez", respondeu Diotima.

"Um dia de viagem, e lá nunca estive. Então devemos ir juntos, logo".

"Claro!", disse Diotima. "Amanhã teremos um mar sereno e tudo agora se encontra em sua maturidade e em seu verde".

Para uma tal viagem são necessárias a eternidade do Sol e a vida da terra imortal.

"Então amanhã", falei, e nossos amigos concordaram.

Partimos cedo do ancoradouro, com o canto do galo. No frescor da claridade, o mundo e nós resplandecíamos. Uma juventude quieta e áurea morava em nossos corações. Dentro de nós, a vida era como a vida de uma ilha que acaba de nascer no oceano, e onde começa a primeira primavera.

Fazia tempo que, sob a influência de Diotima, minha alma encontrava mais equilíbrio. Hoje o sentia de maneira ainda bem mais pura, e as forças exaltadas viam-se todas reunidas de sua dispersão em um meio dourado.

Falamos sobre a excelência do antigo povo ateniense, de onde ela provinha, em que consistia.

Um diz que foi o clima que a constituiu.[19] Outro, que foram a arte e a filosofia. Um terceiro, que foram a religião e a forma de governo.

"Arte, religião, filosofia e forma de governo", observei, "em Atenas, são brotos da árvore e não solo ou raiz. Tomais o efeito pela causa".

Aquele que diz ter sido o clima o que construiu tudo isso deve pensar que nós também ainda nele vivemos.

Mais invulnerável sob qualquer ponto de vista, mais livre das influências violentas do que qualquer outro povo da Terra, foi assim que cresceu o povo ateniense. Nenhum conquistador o enfraqueceu, nenhuma satisfação de guerra o inebriou, nenhum culto estranho o anestesiou, nenhuma sabedoria vã e pronta o obrigou a um amadurecimento intempestivo. Sua infância está abandonada a si mesma como o diamante ao seu devir. Dele nada se ouve até os tempos de Pisístrato e Hiparco. Somente uma pequena parte lhe cabe na guerra de Troia, essa que, como uma estufa, aqueceu prematuramente a maioria dos povos gregos. Não é um destino extraordinário que engendra os homens. Os filhos de uma mãe assim podem ser grandes e colossais, mas jamais serão seres belos ou, o que significa o mesmo, homens, a não ser talvez quando os contrastes lutarem entre si com tamanha dureza que não encontrem paz.

Pela exuberância da força, os lacedemônios sobrepuseram-se aos atenienses, e também por isso teriam desaparecido e dispersado bem mais cedo se Licurgo não tivesse aparecido e domado, com sua disciplina, a natureza desse ânimo excessivo. Desde então, tudo se cultivou e formou nos espartanos, toda excelência foi fruto de combate e assiduidade e, por mais que se possa falar em certo sentido da simplicidade dos

---

19   **N.T.:** Winckelmann desenvolve amplamente esse argumento sobre a influência do clima na excelência dos gregos em *Geschichte der Kunst des Althertums*, 4 livro, capítulos 4-6. Também Herder em suas *Ideen zur Philosophie der Geschichte der Menschheit* discute e aprofunda essa visão.

espartanos, neles não mais subsistia, como seria natural, a autêntica simplicidade da infância. Os lacedemônios romperam cedo demais a ordem do instinto, degeneraram cedo demais e, assim, a disciplina domadora também teve de começar cedo demais. É que disciplina e arte só começam muito cedo onde a natureza do homem ainda não amadureceu. A natureza deve completar-se na criança antes que ela vá à escola para que a imagem da infância possa guiar-lhe o retorno da escola para a completude da natureza.

Os espartanos permaneceram para sempre um fragmento. Pois quem não chegou a ser uma criança completa dificilmente será um homem completo.

Sem dúvida, o céu e a Terra também constituíram os atenienses como todos os outros gregos, não lhes sobrecarregando nem de pobreza e nem de excesso. Os raios do céu não se abateram sobre eles como uma chuva de fogo. A Terra não os inebriou, não os estragou com mimos e dons imoderados como faz às vezes a tolice de uma mãe.

Aqui, teve lugar o ato maravilhoso de Teseu, a limitação voluntária de seu próprio e régio poder.

Oh! Lançar uma tal semente no coração de um povo deve gerar certamente um oceano de espigas douradas, e, até bem mais tarde, podia-se ainda ver entre os atenienses os seus efeitos e a sua fertilidade.

Mais uma vez! Que os atenienses tenham crescido tão livres de qualquer espécie de influência violenta, tão justos e comedidos em seu deleite, isso foi o que os tornou tão excelentes. E só isso!

"Não perturbeis o homem em seu berço! Não forceis o botão bem atado de sua essência, não o expulseis do abrigo de sua infância! Não façais pouco a fim de que ele não se prive de vós, e, assim, dele vos distinga; não façais em demasia, a fim de que ele não sinta o vosso poder e nem o seu próprio e, assim, dele vos distinga; deixai, enfim, o homem saber somente mais tarde que existem homens, que existe algo além dele, pois somente assim ele se tornará homem. E, se ele é um deus, ele é belo".

"Estranho!", clamou um dos amigos.

"Jamais falaste tão profundamente desde a minha alma", disse Diotima.

"Foi de ti que falei", respondi.

"Assim é que o ateniense foi homem", prossegui, "assim é que ele teve de tornar-se um homem. Com beleza, surgiu das mãos da natureza, com beleza de corpo e alma, como se costuma dizer.

O primeiro filho da beleza humana, da beleza divina é a arte. Nela, o homem divino rejuvenesce e retoma a si mesmo. Ele quer sentir o que é e, por isso, contrapõe a si mesmo a sua beleza. Assim é que o homem ofereceu a si mesmo os seus deuses. Pois no começo o homem e seus deuses eram um só, quando, desconhecida de si mesma, vigorava a beleza eterna. – Pronuncio mistérios, mas eles o são.

O primeiro filho da beleza divina é a arte. Assim foi para os atenienses.

O segundo filho da beleza é a religião. Religião é amor pela beleza. O sábio ama a infinita, a que tudo abraça. O povo ama seus filhos, os deuses, que lhe aparecem em múltiplas figuras. Assim foi para os atenienses. E sem esse amor pela beleza, sem essa religião, o estado não passaria de um esqueleto árido de vida e espírito, e todo pensamento e toda ação não passariam de uma árvore sem cimo, de uma coluna sem capitel.

Que esse foi realmente o caso dos gregos e, em especial, dos atenienses, que sua arte e religião são os filhos autênticos da eterna beleza – a natureza humana cumprida plenamente – e que somente poderiam surgir de uma natureza humana cumprida plenamente, isso aparece claramente quando se olha com despojamento para os objetos de sua arte sagrada e a religião com a qual eles amaram e honraram esses objetos.

Faltas e descompassos existem em toda parte, e também aqui. Mas é certo que nos objetos de sua arte encontra-se na maior parte das vezes a maturidade do homem. Aí não se encontra o pequeno e monstruoso dos egípcios e godos, mas sentido humano, configuração humana. Menos do que os outros, eles oscilam entre os extremos do suprassensível e do sensível. Mais do que os outros, os seus deuses permanecem no belo meio da humanidade.

E, assim como o objeto, também o amor. Nem muito servil, nem muito confiante!

A beleza do espírito ateniense exigia também o sentido necessário da liberdade.

O egípcio suportava sem dor a tirania do arbítrio; o filho do norte suporta sem reagir a tirania das leis, a injustiça na forma do direito. O egípcio traz desde o ventre materno um ímpeto de homenagem e idolatria. No norte, acredita-se muito pouco na vida pura e livre da natureza para não se submeter supersticiosamente à lei e ao direito.

O ateniense não pode suportar o arbítrio porque a sua natureza divina não admite ser perturbada, não pode suportar a legalidade em toda parte porque não é em toda parte que ela se faz necessária. Drácon não lhe convém. Quer ser tratado com ternura, e nisso também tem razão".

"Bom!", interrompeu-me um outro, "Tudo isso posso conceber, mas não consigo entender como esse povo poeticamente religioso também deveria ser um povo filosófico".

"Mas sem a poesia", respondi, "ele jamais chegaria a ser um povo filosófico!"

"Mas o que a filosofia", revidou, "o que a sublime frieza dessa ciência tem a ver com poesia?"

"A poesia", disse seguro de mim, "é o começo e o fim dessa ciência. Assim como Minerva surge da cabeça de Júpiter, ela surge da poesia de um ser divino e infinito. E, desse modo, o que possui de irreconciliável reúne-se na fonte misteriosa da poesia".

"Homem, isso é um paradoxo", exclamou Diotima, "mas não obstante consigo intuí-lo. Começamos a divagar. Voltemos a falar de Atenas".

Tiryns/Tirino, Staatliche Graphische Sammlung.

"O homem", recomecei, "que na vida não tenha sentido ao menos uma vez dentro de si a beleza pura e plena, as forças de seu ser brincarem umas com as outras como as cores do arco-íris, que nunca fez a experiência de que é somente nas horas de entusiasmo que tudo concorda interiormente, esse homem não pode sequer tornar-se um filósofo da dúvida. Pois o seu espírito não é feito para demolir, e ainda menos para construir. Acredita em mim. Aquele que duvida só encontra contradição e falta em tudo o que pensa por conhecer a harmonia da beleza absoluta, essa que nunca se deixa pensar. Ele só desdenha o pão seco que a razão humana lhe oferece para opinar por desfrutar secretamente da mesa dos deuses".

"Apaixonado!", clamou Diotima, "Por isso te deixaste acolher pela dúvida. Mas os atenienses!"

"Já chego lá", respondi. "A palavra grandiosa, *hen diaféron heautôi*,[20] de Heráclito só poderia ser encontrada por um grego, pois essa é a essência da beleza, e antes de encontrá-la não havia filosofia alguma.

Com ela, tornou-se possível a presença do todo. A flor havia amadurecido. Agora, era possível desmembrar.

O momento da beleza anunciou-se então entre os homens. Em vida e em espírito, estava ali o uno infinito.

Podia-se discuti-lo, dividi-lo no espírito, podiam-se reunir as partes num novo pensamento, podia-se assim reconhecer mais e mais a essência do mais elevado e do melhor, transformando o então conhecido em lei para as múltiplas regiões do espírito.

Compreendeis agora por que os atenienses, em especial, deveriam ser também um povo filosófico?

---

20   **N.T.:** *Hen diaféron heautôi*, o Uno em si mesmo diverso. Hölderlin grafa no original essa expressão sem acento e espírito. É no Simpósio (187a) que Platão atribui essas palavras a Heráclito. Em Platão, lê-se em lugar de *diaféro, diaferoménon*. É difícil saber se Hölderlin mudou intencionalmente o particípio médio para o ativo ou se foi apenas um erro. Cf. Gisela Wagner, *Hölderlin und die Vorsokratiker*, 1937.

Isso o egípcio não podia. Quem não ama céu e Terra ao ser amado pelo céu e pela Terra, quem nesse sentido não vive intimamente com o elemento que o comove, quem por natureza não é tão uno em si mesmo, esse não experimenta a beleza eterna, ao menos com tanta leveza como os gregos.

Como um déspota suntuoso, o céu oriental curva, com seu brilho e poder, seus habitantes para a Terra, e antes mesmo de aprender a andar o homem se vê obrigado a ajoelhar-se. Antes de aprender a falar, vê-se obrigado a rezar. Antes de seu coração alcançar um equilíbrio, vê-se obrigado a inclinar-se, e antes de se fazer suficientemente forte para carregar flores e frutos, o destino e a natureza em seu coração ardente desnudam o espírito de todas as forças. O egípcio se abandonou antes de ser um todo e, por isso, nada sabe do todo, da beleza. O que sabe nomear de mais elevado é um poder velado, um enigma arrepiante. A Ísis muda e sombria é o que possui de primeiro e último, uma infinitude vazia, e por isso de lá nada de razoável pode advir. Do nada mais sublime também nada se gera.

O norte, ao contrário, introverte os seus filhos cedo demais, e, enquanto o espírito ardente o precipita excessivamente para o périplo do mundo, o espírito do norte clama pelo retorno para dentro de si antes mesmo de aprontar-se para partir.

No norte, é preciso ser razoável antes mesmo de amadurecer o sentimento. Culpa-se tudo antes mesmo de a ingenuidade ter alcançado o seu belo fim. É preciso tornar-se racional, o espírito deve tornar-se autoconsciência antes mesmo de tornar-se homem, é preciso fazer-se prudente antes mesmo de ser criança. Nele, não se deixa vingar e amadurecer a beleza, essa unidade da totalidade do homem, antes mesmo que ele se cultive e se desenvolva. O mero entendimento, a mera razão são sempre os reis do norte.

Mas do mero entendimento nada surgiu de intenso. Da mera razão, nada surgiu de razoável.[21]

---

21 **N.T.:** No original, "*aber aus blossem Verstand ist nie Verständiges, aus blosser Vernunft ist nie Vernünftiges gekommen*". Considerando a nítida

Sem beleza de espírito, o entendimento é como um companheiro servil que serra, como lhe foi prescrito, o gradil de madeira crua, e alinha as estacas serradas para o jardim que o senhor quer construir. Todo o negócio do entendimento é obra da necessidade. Ele bem pode nos proteger contra a insensatez e a incorreção enquanto ordena. Mas assegurar-se contra a insensatez e a incorreção não é o estágio mais elevado da excelência humana.

Sem beleza de espírito e de coração, a razão é como um feitor que o senhor da casa emprega para vigiar os escravos. Tanto quanto os escravos, ele não sabe quase nada sobre a meta desse trabalho infinito, gritando somente: rápido!, e é com certo desprazer que os vê tocar com rapidez o trabalho, pois, uma vez realizado, o seu próprio papel também desapareceria.

Do mero entendimento não surge filosofia alguma, pois a filosofia é mais do que o conhecimento limitado do meramente existente.

Da mera razão não surge filosofia alguma, pois a filosofia é mais do que a exigência cega de um progresso incessante na unificação e distinção de uma matéria qualquer.

Se para a razão impetuosa brilha o divino *hen diaféron heautôi*, o ideal da beleza, ela deixa de fazer exigências cegas e sabe por que e para que exige.

---

influência do vocabulário idealista de Kant, é importante distinguir *Verstand* = entendimento de *Vernunft* = razão. Sendo difícil em português uma adjetivação direta de entendimento, optou-se por uma tradução interpretativa de *Verständiges* para intenso de maneira a guardar também uma remissão sonora a entendimento. Entendimento é para Hölderlin intensidade. Essa passagem do *Hipérion* encontra-se igualmente no mais antigo programa para um sistema do Idealismo alemão, cuja autoria ainda hoje é discutida e disputada entre Hölderlin, Schelling e Hegel: "Sem sentido estético, os homens são nossos filósofos da letra. A filosofia do espírito é um filosofia estética. Sem sentido estético não é possível ser espírito em nada, nem é mesmo possível raciocinar com espírito sobre a história [...]".

Se o Sol da beleza brilha para as operações do entendimento como o dia de maio penetra o ateliê do artista, ele não larga as suas obras da necessidade para exaltar-se lá fora, mas pensa satisfeito no dia de festa em que caminhará sob a luz rejuvenescedora da primavera.

Aí estava quando aterramos na costa da Ática.

A antiga Atenas encontrava-se agora em nossas mentes num grau bem maior do que saberíamos discorrer num modo ordenado, e eu mesmo me surpreendia com o teor de minhas expressões. Mas como pude, exclamei, chegar ao cimo árido da montanha em que me vistes!?"

"É sempre assim", respondeu Diotima, "quando nos sentimos bem. A força exuberante busca um trabalho. Os cordeiros batem uma fronte contra a outra após sugarem o leite materno".

Subimos o Licabeto e, não obstante a pressa, parávamos algumas vezes em nossos pensamentos e em maravilhosas esperanças.

É belo que o homem tão dificilmente se convença da morte do que ama, e ninguém jamais aproximou-se do túmulo de um amigo sem a esperança de lá encontrá-lo realmente. O belo fantasma da antiga Atenas tocou-me como uma figura de mãe que retorna do mundo dos mortos.

"Ó Partenon!", clamei, "orgulho do mundo!, a teus pés, como um leão domado, deita-se o reino de Netuno. Como crianças, os outros templos se reúnem ao teu redor e a Ágora eloquente, e o pequeno bosque de Academo".

"Podes colocar-te assim nos tempos antigos", disse Diotima.

"Não me lembres do tempo!", retruquei. "A vida era divina e o homem, o meio da natureza. Ao florescer aqui, em torno de Atenas, a primavera era como uma flor tímida no colo da virgem. O Sol nascia enrubescido diante da terra magnífica.

As falésias de mármore do Himeto e do Pentélico saltavam para fora de seus berços adormecidos como crianças do seio materno, adquirindo forma e vida entre as meigas mãos dos atenienses.

A natureza doava o mel, as mais belas violetas, murtas e oliveiras.

A natureza era sacerdotisa, e o homem, o seu deus. Nela, tudo era vida, e cada som e configuração que dela emanavam, um eco entusiasta da magnificência a que pertencia.

Somente a ela celebrava, oferecendo sacrifícios.

Era também digno de valor, quer ao sentar-se na oficina sagrada abraçando os joelhos das estátuas que havia feito de um deus, quer ao cercar-se de alunos obedientes no promontório, sobre o verde pico de Súnio, abreviando o tempo com pensamentos elevados, quer ainda ao correr no estádio ou ao arremessar, como um deus da tempestade, da cadeira de orador, chuva e brilho do Sol, raio e nuvens douradas."

"Oh, olha!", disse subitamente Diotima.

Olhei e quase desfaleci diante da visão todo-poderosa.

Como um incomensurável naufrágio, quando os orcanos se calam e os barcos fogem e o cadáver irreconhecível da esquadra destroçada jaz sobre o banco de areia, assim Atenas aparecia diante de nós. As colunas abandonadas erguiam-se como troncos nus de uma floresta à tardinha ainda verde, mas que a noite devorou em suas chamas.

"Aqui", disse Diotima, "é possível aprender a tranquilizar-se com o próprio destino, seja ele bom ou mau".

"Aqui é possível tranquilizar-se com tudo", prossegui. "Se os ceifeiros que segaram esse campo de trigo tivessem enriquecido os celeiros com as suas espigas nada haveria se perdido e eu me contentaria em ficar aqui como um respigador. Mas quem tirou proveito?"

"Toda a Europa", interveio um dos amigos.

"Oh, sim!", exclamei. "Arrancaram as colunas e estátuas, comerciando-as entre si, avaliando as nobres figuras a preço alto, dada a sua raridade, como se avaliam papagaios e macacos".

"Não digas isso!", retrucou o mesmo. "Pois se realmente lhes falta o espírito de toda essa beleza é porque o espírito não pode ser arrancado e nem vendido".

"Sim, decerto!", disse eu. "Esse espírito já sucumbira antes mesmo de os devastadores terem chegado à Ática. Somente quando as casas e os templos se arruinaram é que as bestas selvagens ousaram adentrar as ruas e os portais".

"Para quem possui esse espírito", falou Diotima num consolo, "Atenas ainda existe como o desabrochar de uma árvore frutífera. Para o artista é fácil completar o torso".

Saímos bem cedo no dia seguinte e contemplamos as ruínas do Partenon, o lugar do antigo teatro de Baco, o templo de Teseu, as dezesseis colunas ainda restantes em pé do divino Olimpo. O que mais me comoveu foi o antigo portal por onde, outrora, se passava da cidade velha para a nova, lugar em que decerto milhares de homens belos se saudaram ao longo de um dia. Agora, por esse portal, não se chega nem à velha e nem à nova. Calado e deserto, ali se acha, como uma fonte ressecada cujos canos deixavam jorrar, num respingar amável, o frescor da água clara.

"Ah!", exclamei, "enquanto caminhávamos, sem dúvida, é por um esplendoroso jogo do destino que aqui os templos se arruínam, deixando suas pedras destroçadas para que as crianças as arremessem, que os deuses mutilados se tornem bancos à porta da cabana camponesa e os túmulos, estâncias de descanso e pasto de um touro. Tal esbanjamento é mais régio do que a vontade intrépida de Cleópatra ao beber as pérolas dissolvidas. Mas, por toda essa grandeza e beleza, é uma pena!"

"Meu bom Hipérion!", clamou Diotima, "é melhor que partas, estás pálido e teus olhos cansados. Buscas, em vão, consolo nas ideias. Sai daí! Para o verde! Para as cores da vida! Isso te fará bem".

Partimos em direção aos jardins vizinhos.

Hipérion ou o Eremita na Grécia

Kalamata/Calamata, Staatliche Graphische Sammlung.

Os demais se entretiam, no caminho, com dois ingleses eruditos, que juntavam antiguidades em Atenas para nada colher do lugar. Foi com satisfação que os deixei.

Todo meu ser se recompôs, ao ficar novamente a sós com Diotima. Ela havia travado uma luta magnífica com o sagrado caos de Atenas. Como a lira da musa celeste sobre os elementos discordantes, os pensamentos serenos de Diotima predominavam sobre os escombros. Como a Lua ao sair de uma nuvem meiga, o seu espírito emergia de belos sofrimentos. A jovem celeste ali estava em sua melancolia como a flor que desprende mais odor durante a noite.

Avançamos mais e mais e, por fim, não andamos em vão.

Ó arvoredos de Angele, onde a oliveira e os ciprestes entrelaçados se refrescam com sombras amigáveis, onde o fruto dourado do limoeiro cintila da folhagem escura, onde a uva se incha para crescer cheia de vontade sobre a cerca, e a laranjeira madura se põe no caminho sorridente como um achado! Ó sendas perfumadas de segredo! Ó sítios apaziguados em que a fonte sorri na imagem de um buquê de murta. Jamais vos esquecerei.

Diotima e eu andamos durante algum tempo sob as árvores magníficas que nos circundavam até um lugar grande e límpido que a nós se oferecia.

Sentamo-nos ali. Havia entre nós uma quietude aventurada. Meu espírito pairou em torno da figura divina da jovem como a borboleta em torno de uma flor, e todo o meu ser aliviado se reunia na alegria e no entusiasmo de sua contemplação.

"Já te sentes consolado, meu leviano?", indagou Diotima.

"Sim! Sim! Já me consolei", respondi. "O que acreditei perdido eu o tenho; o que ansiava como se houvesse desaparecido do mundo está diante de mim. Não, Diotima! A fonte da eterna beleza ainda não se esgotou.

Disse certa vez que não preciso mais dos deuses e dos homens. Sei que o céu se extinguiu e se despovoou e a Terra, que outrora abundava de uma vida humana bela, tornou-se quase um formigueiro. Mas ainda existe um lugar em que me sorriem o antigo céu e a antiga Terra. Pois em ti esqueço todos os deuses do céu e todos os homens da Terra.

Que me importa o naufrágio do mundo. Não quero saber de nada além da minha ilha de ventura".

"Existe um tempo do amor", disse Diotima com seriedade amiga, "como existe um tempo para se viver no berço feliz. Mas é a própria vida que dele nos expulsa".

"Hipérion!", falou, tocando minha mão com fogo, e sua voz elevou-se com grandeza, "Hipérion! Vejo que nasceste para coisas elevadas. Não te subestimes! É a falta de matéria que te contém. Não foi rápido o suficiente. Isso te abateu. Como os jovens esgrimistas, caíste rápido demais antes mesmo de reconheceres o alvo e exercitares o punho. E, como naturalmente foste mais atacado do que atacaste, então te intimidaste, duvidando de ti mesmo e de todos. Pois és tão sensível e arrebatado. Mas com isso nada se perdeu. Se teu ânimo e tua atividade tivessem amadurecido cedo demais, teu espírito não seria o que é. Não terias sido o homem pensador que sofre e fermenta. Acredita-me, se não tivesses perdido tanto, não chegarias a reconhecer com tanta pureza o equilíbrio da bela humanidade. Teu coração encontrou, por fim, a paz. Quero acreditar nisso. Eu compreendo. Mas pensas realmente que chegaste ao fim? Queres te fechar no céu de teu amor e abandonar o mundo, que tanto necessita de ti, deixando-o apodrecer e esfriar atrás de ti? Deves descer como o raio de luz, como a chuva fresca, deves descer para a terra dos mortais, deves brilhar como Apolo, abalar, sacudir como Júpiter, pois do contrário não és digno do teu céu. Peço-te, vá para Atenas, ainda uma vez, e olha os homens que lá atravessam os escombros, os rudes albaneses e esses outros gregos bondosos e infantis que, com uma dança divertida e um conto de fadas sagrado, se consolam da violência infame que sobre eles se abateu. Podes dizer que essa matéria é vergonhosa? Acho que ela ainda poderia receber uma forma. Podes afastar teu coração dos indigentes? Eles não são maus, nada te fizeram de mal".

"O que posso fazer por eles?", indaguei.

"Dá a eles o que possuis em ti", respondeu Diotima, "dá a eles..."

"Mais nenhuma palavra, nenhuma palavra, minha alma!", interrompi. "Se não tu me curvarás e será como se me tivesses levado a isso com violência.

Eles não serão mais felizes, somente mais nobres. Não! Também serão mais felizes. Devem despontar, devem surgir como as montanhas jovens da torrente marítima, impelidas pelo seu fogo subterrâneo.

Encontro-me mesmo sozinho e imponho-me sem glória entre eles. Mas aquele que é um homem não pode bem mais do que uma centena de homens que não passam de fragmentos humanos?

Natureza sagrada! És a mesma dentro e fora de mim. Não deve ser tão difícil unir o que está fora de mim com o divino dentro de mim. Se as abelhas se satisfazem com o seu pequeno reino, por que não me seria possível plantar e construir o que é urgente?

O quê? O vendedor árabe semeia o seu Alcorão e vê crescer como uma floresta infinita um povo de adeptos, e a lavoura também não haveria de vingar onde a antiga verdade retorna em nova e viva juventude?

Que tudo seja fundamentalmente um outro! Que da raiz da humanidade surja um novo mundo! Que uma nova divindade os domine, um novo futuro se ilumine.

Na oficina, nas casas, nos encontros, nos templos, que seja, em toda parte, um outro!

Mas devo ainda partir para aprender. Sou um artista, mas não sou hábil. Formo no espírito, mas ainda não sei conduzir as mãos".

"Irás à Itália, à Alemanha, à França – de quantos anos necessitas? Três, quatro, penso que três anos te bastam. Não és lento e deves buscar somente o maior e o mais belo".

"E então?"

"Serás o educador de nosso povo, serás um grande homem, espero. E quando te abraçar sonharei que sou uma parte desse homem magnífico e me soltarei na alegria como se me tivesses presenteado a metade de tua imortalidade, à semelhança de Pólux com Castor, oh! sentirei orgulho, Hipérion!"

Fiquei algum tempo em silêncio. Preenchia-me uma alegria indizível.

Existe, portanto, contentamento entre a decisão e o ato, recomecei finalmente, "existe paz antes da vitória?".

"É a paz do herói", respondeu Diotima. "Existem decisões que como palavras dos deuses são, ao mesmo tempo, mandamento e preenchimento; assim são as tuas".

Retornamos como fizemos após o nosso primeiro abraço. Para nós, tudo se tornara estranho e novo.

Estava de pé sobre os escombros de Atenas como o agricultor no terreno baldio. Repousa tranquila, pensei, pois retornaremos ao barco, repousa tranquila, terra adormecida! Logo a juventude da vida se fará verde dentro de ti e as bênçãos dos céus crescerão para ti. Logo as nuvens não mais haverão de chover inutilmente, logo o Sol reencontrará suas antigas crianças.

Indagaste pelo homem, natureza? Lamentas como uma lira porque o irmão do acaso, o vento, só toca por ter morrido o artista que ordenava? Teus homens haverão de chegar, natureza! Um povo rejuvenescido também haverá de te rejuvenescer, e serás como a sua noiva e contigo a antiga aliança dos espíritos será renovada.

Haverá de ser uma única beleza. Humanidade e natureza haverão de reunir-se em uma divindade tudo abrangente.

TOMO II

μὴ φῦναι τὸν ἅπαντα νικᾷ λόγον:
τὸ δ', ἐπεὶ φανῇ, βῆναι κεῖθεν
ὅθεν περ ἥκει, πολὺ δεύτερον, ὡς τάχιστα.

Não ter nascido é de todos o sentido mais vitorioso:
o segundo é, tendo surgido, adiantar-se o mais rápido
para o lugar de onde veio.

Sófocles
Édipo em Colona (1224-1227)

Livro I
HIPÉRION A BELARMINO

Retornando da terra Ática, vivemos os últimos belos momentos do ano.

Um irmão da primavera é o que era para nós o outono, cheio do fogo suave, um tempo de festa para lembrar a dor e as alegrias passadas do amor. As folhas secas carregavam a cor avermelhada do crepúsculo, e somente o pinheiro e o loureiro impunham-se em seu verde eterno. Nos ares afáveis, hesitavam alguns pássaros migradores, outros se espalhavam na colina de videiras e no jardim, colhendo na alegria o que os homens deixaram. A luz celeste projetava-se do céu aberto. Por todos os galhos entressorria o Sol sagrado, o benevolente, que jamais nomeei sem alegria e agradecimento, que tantas vezes consegue sarar com um único olhar minha dor profunda, purificando minha alma de todo desânimo e preocupação.

Visitamos os nossos riachos mais amados, Diotima e eu, e por toda parte reencontrávamos a ventura de horas desaparecidas.

Lembramo-nos do maio passado. Nunca havíamos visto a terra como então, assim acreditamos. Ela havia se transformado, uma nuvem argêntea de flores, uma chama de vida alegre, esvaziada de toda matéria grosseira.

"Ah, tudo estava tão pleno de prazer e esperança", clamou Diotima, "tão cheio de crescimento incessante e, no entanto, também tão sem esforço, tão apaziguado na alma como uma criança que brinca sem pensar muito mais".

"Nisso", disse eu, "reconheço a alma da natureza, nesse fogo calmo, nessa hesitação de sua pressa poderosa".

"E essa hesitação é tão querida para os felizes", falou Diotima. "Sabes? Certa vez, numa tardinha, após uma forte tempestade, estávamos sobre uma ponte, e a água montanhosa avermelhada de barro arremessou-se como uma flecha sobre nós enquanto ali do lado a floresta verdejava em paz, e as claras folhas das faias quase não se mexiam. E nos fez um bem imenso perceber que o verde venturoso também não escorria como o rio, e que a bela primavera se mantinha para nós com tanta quietude, como um pássaro domesticado que, não obstante, agora se acha no alto da montanha".

Ríamos das palavras, embora a tristeza estivesse perto de nós.

Assim é que também a nossa ventura haveria de nos abandonar e o pressentíamos.

Ó Belarmino, quem tem o direito de dizer que é constante, quando até a beleza deve amadurecer em direção ao seu destino, quando até o divino deve humilhar-se e compartilhar a mortalidade com todos os mortais?

Hipérion a Belarmino

Vagueei ainda diante da casa com a jovem de minha afeição até brilhar na calma do crepúsculo a luz da noite. Voltei então para a casa de Notara, cheio de pensamentos e gratidão, cheio da efervescência da vida heroica, como sempre me acontecia ao deixar os seus abraços. Havia chegado uma carta de Alabanda.

"O tempo se agita, Hipérion", escreveu-me, "a Rússia declarou guerra nos portais. Uma frota aproximou-se do arquipélago.[22] Os gregos conseguirão libertar-se quando se sublevarem e forçarem o sultão para o Eufrates. Os gregos cumprirão o que lhes cabe, os gregos serão livres, e meu coração se

---

22   **N.T.:** A frota russa apareceu em 28 de fevereiro de 1770.

alegra porque novamente há algo por fazer. Não quero avistar o dia enquanto isso não se cumprir.

Se és ainda o mesmo, então vem! Encontrar-me-ás na aldeia de Coroneia, seguindo o caminho de Misistra. Moro no alto da colina, numa cabana branca na floresta.

Abandonei aqueles homens que viste comigo em Esmirna. Com teu sentido refinado, tinhas razão em não entrar em seu círculo.

Quero nos rever nessa nova vida. Até agora, o mundo foi muito mau para ti, não se oferecendo para o teu reconhecimento. Porque não quiseste escravizar-te servilmente, nada fizeste, e o não fazer tornou-te taciturno e sonhador.

Não quiseste nadar no pântano. Vem agora, vem, e permite que nos banhemos no mar aberto!

Isso nos fará bem, meu caro e único amigo!"

Assim ele escreveu. Vi-me tocado desde o primeiro momento. O rosto ardeu-me de vergonha, o coração efervesceu como fontes ardentes, e não conseguia acalmar-me em lugar nenhum, tamanha a dor de ver-me sobrevoado por Alabanda, como se para sempre ultrapassado. Via no entanto meu coração assumir a causa futura com avidez cada vez maior.

Tornei-me por demais ocioso, exclamei, pacificado, tornei-me por demais celestial e indolente! Alabanda olha o mundo como um piloto de raça, Alabanda é diligente e busca nas ondas as suas presas. E em ti as mãos adormecem no peito? É com palavras que queres conseguir, é com fórmulas mágicas que queres invocar o mundo? As tuas palavras são, porém, inúteis como flocos de neve, conseguindo, apenas, turvar o ar. Tuas sentenças mágicas podem servir aos piedosos, mas os incrédulos não te escutam. – Sim! Ser meigo no tempo certo, isso é muito belo, mas ser meigo fora do tempo é odioso porque covarde! Harmódio! Quero igualar as tuas murtas, as murtas que esconderam a tua espada. Não quero ter caminhado em vão pelo ócio. Meu sono deve ser como óleo no momento em que a chama o toca. Não quero contemplar, no momento decisivo, não quero divagar e perguntar aos curiosos quando Alabanda receberá os louros.

Chalkis/Cálcida, Staatliche Graphische Sammlung.

Hipérion a Belarmino

A palidez de Diotima, após a leitura da carta de Alabanda, tocou fundo minha alma. Com serenidade e honestidade, começou a dissuadir-me do passo. "Ó violentos!", exclamou, por fim, "Sempre demasiadamente apressados em direção ao extremo, pensai em Nêmesis!".

"Para aquele que sofre ao extremo", disse eu, "é o extremo que possui o maior direito".

"Mesmo sendo justo", disse ela, "não nasceste para isso".

"Assim parece", objetei; "já perdi tempo demais. Oh, gostaria de intimar um Atlas para carregar as culpas de minha juventude. Será que tenho uma consciência? Possuo em mim alguma solidez? Oh, deixa-me, Diotima! Aqui, justamente nessa causa, devo conquistá-la".

"Isso não passa de frívola arrogância!", protestou Diotima. "Há pouco eras tão simples, há pouco, quando dizias que deveria partir para aprender".

"Querida sofista!", disse, "Estava em jogo outra coisa. Conduzir o meu povo para o Olimpo da beleza divina onde o verdadeiro jorra de fontes eternamente joviais, para isso ainda não estou destinado. Mas aprendi a fazer uso de uma espada e agora não necessito de mais nada. A nova aliança dos espíritos não pode viver suspensa no ar, a sagrada teocracia da beleza deve habitar um estado livre, e quer esse lugar na Terra. É esse lugar que haveremos de conquistar".

"Conquistarás esquecendo para quê?", interpelou Diotima. "Ao conseguir, haverás de forjar um estado livre e então dizer: mas para que o construí? Ah, toda a beleza da vida, a mesma que se deveria possuir, ver-se-á destruída, ver-se-á desgastada até mesmo dentro de ti! A luta selvagem chegará a te dilacerar, alma bela, e envelhecerás, espírito venturoso! Por fim, cansado de viver, perguntarás: mas onde estão os ideais da juventude?"

"É atroz", falei, machucar assim o coração, "conter-me assim no meu próprio temor da morte, em meu próprio prazer da vida. Mas não! Não! A escravidão servil mata, mas guerra justa anima a alma. O que confere ao ouro a cor do Sol é lançá-lo ao fogo! O que confere ao homem toda a sua juventude é a libertação das correntes! Só o que pode salvá-lo é pôr-se a caminho e esmagar com os pés a víbora, esse centenário guerreiro, que envenena no germe toda bela natureza! Haverei de envelhecer, Diotima, ao libertar a Grécia? Envelhecer, tornar-me miserável, um homem comum? Oh, justamente assim, insípido, vazio e abandonado pelos deuses, deve ter-se visto o jovem ateniense, quando, trazendo a mensagem da vitória de Maratona, chegou ao cume do Pentélico e avistou embaixo os vales da Ática!"

"Amado! Amado!", clamou Diotima, "Acalma-te! Não direi mais nada. Deves partir, deves partir, homem orgulhoso! Ah! Se és assim, então não possuo nenhuma força, nenhum direito sobre ti!"

Ela chorou amargamente e, como um bandido, permaneci diante dela. "Perdoa-me, jovem divina!", implorei, ajoelhado a seus pés. "Ó, perdoa-me pelo que devo! Não escolho, não pondero. Existe uma força dentro de mim e não sei se sou eu mesmo que me imponho esse passo. É toda a tua alma que pede, ela respondeu. Não segui-la pode levar ao ocaso, mas segui-la também pode. O melhor é partires, pois é maior. Age. Quero suportá-lo".

Hipérion a Belarmino

Diotima transformou-se desde então maravilhosamente.

Com alegria vi que, desde o nosso amor, a vida silenciada alvorecia em seu olhar e nas palavras amáveis e, muitas vezes, a sua genial quietude vinha ao meu encontro num entusiasmo resplandecente.

Mas como se tornam estranhas as almas belas quando, após o primeiro despertar matutino, devem seguir até o zênite do meio-dia! Quase não mais se reconhecia a criança aventurada, de tão sublime e sofrida.

Ó, como, por vezes, estendia-me diante da aflição dessa imagem divina e imaginava que minha alma partia com as lágrimas de dor que por ela versava, e era de admirar como me levantava, e mesmo cheio de forças todo-poderosas! Uma chama acendeu-se em seu olhar, partindo do coração apertado. De tantos desejos e dores, o seu peito havia-se tornado demasiado estreito. Os pensamentos da jovem eram por isso tão magníficos e audazes. Nela vigorava uma nova grandeza, uma violência aparente sobre tudo o que se podia sentir. Era um ser mais elevado. Não pertencia mais aos mortais.

Ó minha Diotima, se pudesse imaginar, na época, aonde isso haveria de nos levar!

Hipérion a Belarmino

O prudente Notara viu-se igualmente surpreso com os novos planos. Prometeu-me um grupo forte de partidários, na esperança de que o Istmo de Corinto fosse logo ocupado e a Grécia retomada num único golpe. Mas o destino quis diferente e realizou em vão o seu trabalho antes de alcançar a sua meta.

Ele me aconselhou a não me dirigir para Tinos e a viajar diretamente para o Peloponeso, passando o mais despercebido possível. A caminho deveria escrever a meu pai, disse ele, pois o sábio ancião perdoaria com facilidade um passo dado, mas não permitiria se o passo ainda tivesse que ser dado. Em meu entender, isso não era correto, mas sacrificamos com tanto gosto os próprios sentimentos quando uma grande meta apresenta-se aos nossos olhos.

Minha dúvida, prosseguiu Notara, é se podes contar nesse caso com a ajuda de teu pai. Por isso providenciei para ti o necessário para sobreviver e agir por algum tempo. Se puderes, restitua-me algum dia, se não, o que é meu é também teu. Não te envergonhes do dinheiro, acrescentou sorrindo. Mesmo os corcéis de Febo não vivem só de ar como narram os poetas.

Hipérion a Belarmino

Chegou o dia da despedida.

Nessa manhã, fiquei lá em cima no jardim de Notara, no ar fresco do inverno, em meio aos ciprestes e cedros sempre verdes. As forças grandiosas da juventude me sustentavam, e a dor que pressentia me carregava como uma nuvem para mais alto.

A mãe de Diotima pedira a Notara, aos demais amigos e a mim que passássemos ainda o último dia juntos, em sua casa. Esses bondosos dividiam comigo e com Diotima as suas alegrias, percebendo o divino em nosso amor. Também agora eles deveriam abençoar a minha separação.

Desci. Encontrei a jovem amada junto ao fogão de lenha. Parecia-lhe uma sagrada tarefa de sacerdotisa cuidar da casa nesse dia. Fez tudo tão ordeira e corretamente, embelezou a casa sem permitir que ninguém a ajudasse. Todas as flores remanescentes no jardim ela as colheu, reunindo as rosas e uvas frescas dessa estação tardia.

Reconheceu meus passos e, quando cheguei, veio com leveza ao meu encontro. A face pálida ardia diante da chama da lenha, e os olhos honestos tornados grandes reluziam de lágrimas. Ela viu como me sentia. "Entra, meu amado", disse. "Minha mãe está lá dentro. Venho em seguida".

Entrei. Ali sentava-se a mulher nobre que me estendeu a mão bela, dizendo: "Chega, chega aqui, meu filho! Deveria estar enfurecida, retiraste de mim a minha criança, teus discursos dissuadiram-me de toda razão, fizeste o que te apeteceu e agora partes. Mas o perdoai, forças celestes, se ele age injustamente! E, se o faz justamente, então não tardai vossa ajuda ao nosso amado!" Quis falar, mas logo entraram Notara, os outros amigos e, atrás deles, Diotima.

Permanecemos em silêncio durante algum tempo. Veneramos o amor entristecido que nos atravessava e temíamos excedê-lo com discursos e pensamentos orgulhosos. Por fim, após algumas palavras fugidias, Diotima pediu-me que contasse sobre Ágis e Cleômenes, lembrando que muitas vezes nomeei essas grandes almas com respeito ardente, afirmando serem semideuses semelhantes a Prometeu, e que sua luta com o destino de Esparta havia sido mais heroica do que qualquer outra nos mitos resplandecentes. O gênio desses homens havia sido o crepúsculo do dia grego, assim como Teseu e Homero, a sua aurora.

Contei e, ao final, sentimo-nos todos mais fortes e sublimes.

"Feliz aquele", declarou um dos amigos, "cuja vida se alterna entre a alegria do coração e a limpidez do combate".

"Sim!", disse um outro, "Eterna juventude é preservar sempre e com suficiência as forças para o jogo e todo o sustento na alegria e no trabalho".

"Oh, quero ir contigo", disse-me Diotima.

"É bom também que fiques, Diotima", respondi! "A sacerdotisa não deve deixar o templo. Tu guardas a chama do sagrado, guardas na quietude o belo para que eu o reencontre em ti".

"Tens razão, meu amado, é melhor", acatou. A sua voz tremeu e o olhar etéreo escondeu-se no lenço de modo a não deixar ver as suas lágrimas e o seu transtorno.

Ó Belarmino, era de dilacerar o peito vê-la corar de vergonha por minha causa. "Amigos", clamei, "guardem-me esse anjo. Nada sei se dela não sei. Ó céus! Não devo pensar de que seria capaz se a perdesse".

"Fica tranquilo, Hipérion!", acrescentou Notara.

"Tranquilo!?", exclamei. "Ó boa gente! Sabeis vos preocupar com o florescer dos jardins, com o advento da colheita, sabeis orar por vossas videiras, e eu devo separar-me sem qualquer desejo da única pessoa a quem serve minha alma?"

"Não, meu bom homem!", protestou Notara comovido, "Não! Sem desejos não deves separar-te dela! Não, pela inocência divina de vosso amor! Guardai, sem dúvida, minha bênção".

"Tu me advertes", falei rapidamente. "Ela deve nos abençoar, essa mãe tão cara, deve juntamente convosco testemunhar – vem Diotima! Tua mãe deve sacralizar nossa aliança até que a bela comunidade, como esperamos, nos conceda o matrimônio".

Ajoelhei-me. Com um olhar de grandeza, ruborizada, num sorriso solene, ela também abaixou-se e pôs-se ao meu lado.

"De há muito", proferi, "ó Natureza! Nosso amor guarda contigo a unidade e, a partir de nosso amor, o nosso próprio mundo guarda a juventude celeste que preenche a ti e todos os teus deuses".

"Em teus bosques caminhamos", continuou Diotima, "e fomos como tu, sentamo-nos em tuas fontes e fomos como tu, andamos no alto pelas montanhas, com tuas crianças, as estrelas, como tu.

Quando estávamos longe um do outro, quando o advento de nosso fascínio nos entoava como o sussurro de uma harpa, quando nos encontrávamos, quando mais nenhum adormecimento e todos os sons nos despertavam para o acorde da vida, natureza divina! Então fomos como tu. E quando agora nos separamos e a alegria fenece, somos como tu, cheios de dor mas ainda bons, e por isso uma boca pura deve testemunhar que o nosso amor é sagrado e eterno como tu".

"Eu testemunho", disse a mãe.

"Nós testemunhamos", clamaram os demais.

Não nos restava mais nenhuma palavra. Senti o coração mais elevado. Senti-me pronto para a despedida. "Agora devo partir, meus amados!", disse, "E a vida desapareceu de todas as fisionomias. Diotima erguia-se como uma imagem de mármore, e sua mão morria nitidamente na minha. Matei todos esses ao meu redor, estava sozinho e sentia vertigens diante do silêncio ilimitado onde minha vida efervescente não encontrava mais sustento.

"Ah!", proclamei, "Meu coração arde em brasas, e vós permaneceis tão frios, vós, meus amados! Será que apenas os deuses da casa inclinam o seu ouvido? Diotima estás quietas, não vês! Bendita tu que não vês!".

"Então vá agora", suspirou, "assim deve ser; vá agora, meu caro coração!"

"Ó som doce desses lábios de delícias!", exclamei, e mantive-me de pé como um mendigo, diante da estátua afeiçoada – som doce! "Sopra, ainda uma vez, contra mim, amanhece, ainda uma vez, amada luz do teu olhar!"

"Não fales assim, amado!", implorou, "Fala-me com integridade, fala-me com um coração maior!"

Queria me conter, mas sentia-me como num sonho.

"Ai de mim!", gritei, "Não há despedida que se retorna".

"Tu haverás de matá-la", exclamou Notara. "Vê como ela é meiga, e tu estás tão fora de ti".

Eu a olhei e lágrimas precipitaram-se de meus olhos ardentes.

"Adeus, Diotima! Céu do meu amor, adeus! Concedei-nos a força, meus caros amigos, minha cara mãe! Eu te dei alegria e dor. Adeus! Adeus!"

Parti claudicante. Só Diotima me seguiu.

Entardecera, e as estrelas despontavam no céu. Ficamos parados perto da casa. Em nós e sobre nós, fazia-se eterno. Suave como o éter, Diotima dirigiu-se a mim. "Tolo, mas o que é a separação?" Segredou-me cheia de mistério, com o sorriso de um imortal.

"Também sinto diferente", disse eu, "e não sei qual dos dois é sonho, minha dor ou minha alegria".

"Ambas", retrucou, "e ambas são boas".

"Plena!", disse eu, "Falo como tu. Queremos nos reconhecer no céu de estrelas. E que ele seja o sinal entre mim e ti, enquanto os lábios se emudecem".

"Que seja!", disse ela com um tom vagaroso e antes nunca ouvido – foi o seu último som. Na luz do crepúsculo, sua imagem desapareceu diante de mim, e não sei se realmente ela ali estava quando me voltei pela última vez, e a figura evanescente ainda brilhou por um instante diante de mim e desapareceu em seguida na noite.

Hipérion a Belarmino

Por que te conto e retomo minha dor, despertando novamente em mim a juventude desassossegada? Não basta já ter atravessado alguma vez o que é mortal? Por que não fico quieto na paz de meu espírito?

Por que, meu Belarmino?! Porque todo hálito de respiração da vida resguarda para o nosso coração um valor, porque todas as transformações da pura natureza também pertencem à sua beleza. Nossa alma, quando se desprende das experiências mortais, vivendo apenas na calma sagrada, não é como uma árvore sem folhas? Como uma cabeça sem os seus cachos? Caro Belarmino, repousei durante um tempo. Como uma criança, vivi entre as quietas colinas de Salamina, esquecido do destino e da cobiça dos homens. Desde então, meus olhos entreviram algo diverso, e possuo agora em mim tanta paz que posso olhar com tranquilidade para a vida humana. Ó amigo! Por fim, o espírito nos reconcilia com tudo. Não haverás de acreditar, ao menos não de meu próprio testemunho. Mas acho que deves percorrer novamente minhas cartas e ver como minha alma foi ficando dia a dia mais e mais calma. Pretendo ainda falar-te tanto disso no futuro que acabarás acreditando.

Seguem aqui as cartas de Diotima e as minhas, as que trocamos após a nossa despedida em Calauria. São o que tenho de mais caro, essas que agora te confio. São a imagem mais ardente daqueles dias de minha vida. Do alarido da guerra, elas dizem muito pouco. Falam bem mais de minha própria vida, e é isso o que queres. Ah! E também verás como fui amado. Isso eu mesmo nunca poderei dizer. Isso somente Diotima dirá.

Korinth von Westen/Corinto vista da parte oeste, Staatliche Graphische Sammlung.

Hipérion a Diotima

Despertei da morte da despedida, minha Diotima! Fortalecido como depois do sono, meu espírito se levanta.

Escrevo-te do alto das montanhas de Epidauro. Lá longe, no fundo, põe-se a tua ilha, Diotima! E lá adiante o estádio onde devo vencer ou cair. Ó Peloponeso! Ó fontes do Eurotas e do Alfeu! Lá será para valer! Das florestas espartanas, como uma águia o antigo gênio da terra haverá de precipitar-se com nosso exército, como uma avalanche de asas sonoras.

Minha alma está cheia de vontade de agir e de amar, Diotima, e meu olhar atravessa os vales gregos como se implorasse magicamente: ressuscitai, cidades dos deuses!

Em mim deve haver um deus, pois quase não sinto a nossa separação. Como as sombras abençoadas do Lete, minha alma vive agora com a tua em liberdade celeste, e o destino não mais rege o nosso amor.

Hipérion a Diotima

Estou agora no meio do Peloponeso. No mesmo abrigo em que hoje pernoito, pernoitei há algum tempo quando ainda moço atravessei essas regiões com Alabanda. Com que alegria sentava-me no banco que se acha à frente da casa e espreitava, a distância, o barulho das caravanas vindas de longe e o respingar da fonte próxima que, entre acácias em flor, difundia numa poça suas águas de prata.

Estou agora novamente feliz. Andarilho por essa terra como pelo bosque de Dodona, onde os carvalhos entoam sentenças oraculares. Vejo somente atos, passados e futuros, quando caminho de manhã até à noitinha a céu descoberto. Acredita-me, quem viaja por essa terra e ainda carrega um jugo no pescoço, esse jamais se tornará um Pelópidas, esse tem o coração vazio, ou falta-lhe toda compreensão.

Será que essa terra dormiu tão longamente – Será que o tempo correu tão longamente, sombrio e mudo, como a corrente do inferno por sobre passos desertos e ociosos?

E, não obstante, tudo está pronto. O povo da montanha vê-se aqui cheio de forças de vingança, e ali se encontra como nuvens silenciosas de tempestade que só aguardam o vento da intempérie para desaguar. Diotima, concede-me exalar entre elas o hálito do deus, concede-me lhes falar com uma palavra do coração, Diotima. Não temas nada! Elas também não haverão de ser tão selvagens. Conheço a natureza crua. Ela zomba da razão mas alia-se ao entusiasmo. Aquele que só age com a alma inteira, esse nunca erra. Não precisa de artifícios, pois nenhum poder é contra ele.

Hipérion a Diotima

Amanhã encontrarei Alabanda. É para mim um prazer indagar pelo caminho até Coroneia, e o faço com mais frequência do que o necessário. Quero tomar as asas do Sol e alcançar Alabanda, embora indeciso sempre me pergunte: como será?

Ó jovem régio! Por que nasci mais tarde? Por que não saltei juntamente com ele de um mesmo berço? Não posso suportar a diferença que existe entre nós. Oh, por que vivi, ociosamente, em Tinos como um jovem pastor, começando a sonhar com os seus iguais quando ele já provava da natureza num trabalho vivo, lutando com o mar, o ar e todos os elementos? Será que também já não me inflamavam as delícias da ação?

Mas quero alcançá-lo, quero ser rápido. Pelos céus! Estou bem maduro para o trabalho. Minha alma só poderá vociferar contra si mesma se não me libertar logo através de uma viva ocupação.

Jovem sublime! Como posso colocar-me diante de ti? Como te foi possível amar um ser assim tão inativo?

Hipérion a Diotima

Eu o tenho, cara Diotima!

Meu peito tornou-se leve e rápidas as minhas ansiedades. Ah, e o futuro me atrai como um fundo límpido de água nos atrai para nele nos atirarmos e esfriarmos o sangue atrevido no banho refrescante. Mas isso é bobagem. Amamo-nos ainda mais do que nunca, meu Alabanda e eu. Sentimo-nos livres um diante do outro, e toda a plenitude e a profundidade da vida são como outrora.

Ó, como tinham razão os antigos tiranos em proibir amizades como a nossa. Pois nelas cresce o sentimento de uma força semelhante à de um semideus, que não tolera em seu domínio nenhuma insolência!

Era noitinha quando entrei em seu quarto. Tinha acabado de pôr de lado o trabalho, sentava-se em seu canto, banhado de luar, perto da janela, e cuidava de seus pensamentos. Eu estava de pé no escuro e ele não me reconheceu, olhando, distraidamente, em minha direção. Só os céus podem saber por quem me tomava. "Bom, como vais?", perguntou. "Mais ou menos!", respondi. Mas o disfarce foi em vão. Minha voz guardava uma descontração escondida. "O que é isso?", prosseguiu, "És tu?" "Claro, seu cego!", respondi e lancei-me em seus braços. "Até que enfim!", exclamou Alabanda, "Agora será diferente, Hipérion!"

"É o que penso", disse e sacudi com alegria a sua mão.

"Ainda me conheces", continuou Alabanda após algum tempo, "ainda guardas a velha e piedosa fé em Alabanda? Generoso! Eu nunca senti nada melhor em minha vida do que me abrigar na luz de teu amor".

"Como?", exclamei, "Alabanda pergunta algo assim? E o orgulho, Alabanda? Mas é sinal dos tempos que a antiga natureza heroica deva mendigar a honra e que o coração vivo dos homens deva se afligir, como um órfão, para receber uma gota de amor".

"Meu caro jovem! Envelheci mesmo. Em toda parte, essa vida tão branda e a história com os velhacos para cuja escola eu quis te levar em Esmirna".

"É amargo", pronunciei. "Até sobre esses a deusa da morte, a sem nome, aquela a que se chama destino, ousou abater-se".

Buscou-se luz e nos olhamos de novo numa busca silenciosa e amorosa. A figura do amado havia se modificado muito desde os dias de esperança. Como o Sol do meio-dia na palidez do céu, os seus grandes olhos de um azul eternamente vivo iluminavam o rosto, olhando-me com ardor.

"Meu bom jovem!", exclamou Alabanda com amigável indignação, enquanto eu o olhava, "Meu bom jovem, deixa de lado o olhar melancólico! Bem sei que me perdi. Ó meu Hipérion! Anseio demais por algo grandioso e verdadeiro e espero encontrá-lo contigo. Tu me ultrapassaste, és mais livre e mais forte do que antes, e, vê, isso me alegra de todo coração. Eu sou a terra árida e tu chegas como uma tempestade feliz – é magnífico que aqui estejas!".

"Quieto!, disse eu, "Confundes-me o juízo e não devemos falar de nós até que nos encontremos na ação da vida".

"Claro!", exclamou Alabanda com alegria, "Somente quando soam as trompetas de caça é que os caçadores sabem de si".

"Haverá de acontecer logo?", perguntei.

"Sim", respondeu Alabanda, "e te digo, amigo de meu coração, será como um fogo. Ah! Que seja suficientemente alto para alcançar o topo da torre, derreter as bandeiras e circundá-la de chamas até que se rache e arruíne! – e só não toque nossos aliados. Bem sei que os bondosos russos nos querem usar como atiradores. Mas que assim seja! Só então os nossos poderosos espartanos haverão de fazer a experiência de quem são e do que podem. E, ao conquistar o Peloponeso, haveremos de rir na cara do Polo Norte e construir para nós uma vida própria".

"Uma vida própria", exclamei, "uma vida nova, honrada. Será que nascemos como uma luz errante do pântano ou será que seremos os descendentes dos vencedores de Salamina? Como será então? Como te tornaste serva, livre natureza grega? Como chegaste a isto, geração dos antepassados, de quem outrora a imagem divina de Júpiter e de Apolo foram apenas a cópia? Mas escuta-me, céu jônico, terra natal, não posso mais tolerar ver-te seminua, como uma mendiga, vestida com os farrapos de teu antigo esplendor!".

"Ó sol que nos criaste!", clamou Alabanda, "Deves contemplar o crescimento de nossa coragem em meio ao trabalho, a formação de nosso projeto entre os toques do destino, como o ferro sob o martelo".

Um inflamava o outro.

"E que somente nenhuma mancha se prolongue", gritei, "nenhuma caricatura que, como a plebe, o nosso século pinta sobre as paredes!". "Ah!", proferiu Alabanda, "Por isso a guerra é tão salutar".

"Certo, Alabanda, assim como em todo grande trabalho da força e do espírito humanos em que não podem servir de auxílio nenhuma muleta e nenhuma asa de cera. Despojamo-nos, então, das vestes escravas sobre as quais o destino nos imprimiu as suas marcas".

"Já não mais valerá nenhum orgulho e nenhuma afetação", proclamou Alabanda, "e seguiremos para a nossa meta despojados de adornos, sem correntes, nus, como na competição em homenagem a Nemeia".

"Para a nossa meta", retruquei, "onde alvorece nossa cidade livre e o Panteon de toda beleza se ergue da terra grega".

Alabanda silenciou durante um momento. Um novo rubor surgiu em seu rosto e sua figura cresceu para o alto como uma planta em seu frescor.

"Ó juventude! Juventude!", disse ele, "Quero então beber de tua fonte, quero então viver e amar.[23] Estou muito feliz, céu da noite", e prosseguiu ao aparecer diante da janela, "Tu te colocas diante de mim como uma abóbada, extasiando-me como uma videira, e tuas estrelas recaem sobre mim como cachos de uva".

Hipérion a Diotima

Minha felicidade é viver em pleno trabalho. Sem dúvida, devo parecer para os outros um idiota de tão plena a minha alma,

---

23   **N.T.:** Aqui surge mais uma bonita aliteração, que Hölderlin tanto apreciava, entre *leben* = viver e *lieben* = amar.

de tão inebriado me vejo por esse homem maravilhoso, orgulhoso que nada mais ama senão a mim e toda humildade que o habita. Ó Diotima! Esse Alabanda chorou diante de mim, pedindo-me perdão como criança pelo que fez a mim em Esmirna.

Quem sou eu, então, ó meus amados, para que me designe vosso, para que ouse dizer – vós sois meu – para que, como um conquistador, me coloque entre vós, e vos abarque como presas.

Ó Diotima! Ó Alabanda! Seres nobres, serenamente grandes! Como devo aperfeiçoar-me diante de vós, se não quiser fugir de minha felicidade?

Justo no momento em que escrevia, recebi uma carta tua, minha querida.

Não te aflijas, ser da minha afeição, não te aflijas! Guarda-te incólume da dor profunda para festejar no futuro a terra natal! Diotima! Para festejar com brilho a natureza, guarda-te também para celebrar todos os dias amáveis em que se reverenciam os deuses!

Já não vês a Grécia?

Oh, não vês como, no contentamento com a nova vizinhança, as estrelas sorriem sobre nossas cidades e bosques, como, ao contemplar nosso povo transitando feliz à sua margem, o velho mar relembra os antigos atenienses e nos devolve a alegria, como outrora aos seus diletos, em ondas felizes?

Jovem de minha ventura! Já és agora tão bela! E quando o clima mais propício se aproximar de ti como não haverás de florescer em glória ardente!

Diotima a Hipérion

Desde que partiste, passei a maior parte do tempo trancada, amado Hipérion! Hoje saí novamente.

No ar afável de fevereiro, reuni a vida e te ofereço agora essa colheita. Fez-me muito bem o aquecimento refrescante do céu, e senti com isso a delícia renovada do mundo das plantas, esse mundo puro, constante, onde tudo se entristece e de novo se alegra no seu tempo.

Hipérion! Ó meu Hipérion! Por que também nós não seguimos o calmo caminho da vida? São nomes sagrados, o inverno e a primavera, o verão e o outono! Nós, porém, não os conhecemos. Não é uma pena sofrer na primavera? E por que o fazemos?

Perdoa-me! Os filhos da terra só podem viver pelo Sol. Eu vivo por ti, tenho outras alegrias, será portanto estranho que tenha também outras tristezas? E devo entristecer-me? Devo?

Corajoso! Amado! Devo definhar enquanto brilhas? O coração deve empalidecer enquanto o prazer da vitória desperta em ti todos os elãs? Já não ouvi contar de um jovem grego que se dispôs a retirar o povo bondoso de sua própria vergonha, a devolvê-lo para a beleza materna da qual surgiu, que espanto não seria então despertar desse sonho da infância, e qual não seria a sede pela imagem desse caro jovem? E agora que ele aí está, agora que ele é meu, posso chorar? Ó jovem tola! Não é contudo real? Não é ele o magnífico, não é ele o meu? Ó sombras do tempo de ventura! Ó minhas lembranças queridas!

Parece-me ter sido ontem aquela tarde mágica em que encontrei, pela primeira vez, o sagrado estranho, que, como um gênio triste, apareceu cheio de brilho nas sombras da floresta onde entregue aos sonhos a jovem sentava-se desavisada – No ar de maio ele chegou, no mágico ar de maio da Jônia, que o entregou florescente em minhas mãos, anelando os seus cabelos, desdobrando-lhe como flores os lábios, dissolvendo, em sorrisos, a melancolia, e ó raios do céu! Como brilhaste para mim através desses olhos, através dessas fontes inebriantes que, nas sombras do arco das sobrancelhas, protegem e resguardam uma vida eterna!

Bons deuses! Como ele era belo ao me dirigir o olhar! Ao ver o jovem inteiro, diante de mim, um palmo ainda maior, levemente nervoso e os braços amáveis e modestos que pendiam como se nada fossem! E, no encantamento, ele levantava os olhos como se eu tivesse fugido para os céus e ali não mais estivesse! Ah, como ele ria então, com o coração cheio de graça, enrubescendo ao avistar-me novamente e, na penumbra de suas lágrimas, os olhos de febo resplandeciam, perguntando-me, "és tu? És tu, realmente?"

Por que ele depositou em mim um sentido tão piedoso, uma crença tão amorosa? Por que ele trazia a cabeça baixa, por que o jovem divino carregava tanta nostalgia e tristeza? Seu gênio era por demais aventurado para ficar sozinho, e o mundo por demais pobre para abraçá-lo. Oh, era uma imagem adorável, tecida na grandeza e na dor! Mas agora é diverso! Não há mais dor! Recebeu uma tarefa e não está mais doente!

Suspirava imensamente quando comecei a te escrever, meu amado! Mas sinto, agora, grande alegria. Pois de ti se fala com felicidade. E, vê, assim deve permanecer. Adeus!

Hipérion a Diotima

Celebramos, concluindo bem a tua festa, beleza de minha vida! Até iniciar o alarido. Foi um dia celeste. O amável começo do ano soprava e brilhava do Oriente, desanelando, para nós, o teu nome, como fazem as árvores com suas flores e, em mim, respiravam todos os venturosos segredos do amor. Meu amigo jamais vira um amor como o nosso, e era impressionante como esse homem orgulhoso observava, como o olho e o espírito ardiam pela tua imagem, pelo teu ser.

"Oh", clamou por fim, "vale a pena o esforço de lutar por nossa Grécia quando nela ainda cresce uma planta assim!"

"Sem dúvida, meu Alabanda", respondi. "Partimos satisfeitos para a luta e o fogo celeste nos impele para os atos quando as imagens de naturezas assim rejuvenescem o nosso espírito. Não mais perseguimos pequenas metas, não mais nos ocupamos disso e daquilo, com artifícios externos, descuidando do espírito, bebendo-se o vinho unicamente em virtude do cálice. Pois só descansamos, Alabanda, quando a delícia do gênio não guarda mais nenhum segredo, quando os olhos se transformam inteiramente em arcos do triunfo, onde o espírito humano, esse tão longamente ausente, resplandece da errância e da dor e, na alegria da vitória, saúda o éter paterno. Ah! Nosso povo futuro não haverá de ser reconhecido apenas pela bandeira. Tudo deve rejuvenescer, tudo deve tornar-se outro desde o fundamento. O prazer deverá ser íntegro, e todo o trabalho prazeroso! E nada, nem mesmo o menor, o mais cotidiano, deve ressentir-se de espírito e dos deuses! Amor, ódio e todo som de nós mesmos devem causar estranheza ao mundo vulgar, e também nenhum instante jamais deve nos relembrar a superficialidade do passado!"

Hipérion a Diotima

O vulcão irrompeu. Em Coroneia e Metona, sitiamos os turcos e, com o povo de nossa montanha, dirigimo-nos ao Peloponeso.

Agora toda melancolia descobre o seu fim, Diotima, e meu espírito vê-se mais sólido e veloz desde que me entrego ao trabalho vivaz. E vê! Tenho até uma disciplina diária.

Começo com o Sol. Saio então para juntar-me ao meu povo guerreiro que descansa nas sombras da floresta e cumprimento os milhares de olhos límpidos que se abrem para mim com amizade selvagem. Um exército despertando! Não conheço nada igual. Ao seu lado, toda vida nas cidades e aldeias não passa de um enxame de abelhas.

O homem não pode negar que já foi feliz como um cervo na mata. Mesmo depois de anos incontáveis ainda se eleva em nós a nostalgia dos dias desse mundo primevo e imemorial onde cada um percorria a terra como um deus, antes de não sei o quê ter domesticado o homem e, em lugar de muros e madeira morta, a alma do mundo, o ar sagrado ainda o circundava plenamente.

Diotima! Quantas vezes ocorrem-me impressões maravilhosas ao atravessar os meus homens despreocupados, que se levantam um após o outro como surgindo da terra, expandindo-se à luz da manhã. Entre a tropa humana, levanta-se a chama crepitante onde a mãe se senta com a criança congelada, onde se aquece a comida reconfortante, enquanto o corcel, no faro do dia, bafeja e relincha. Assim a floresta entoa a música guerreira que a tudo comove, abraçando as armas em seu brilho e murmúrio. Mas tudo isso não passa de palavras, e o prazer próprio de uma vida assim não se deixa contar.

Minha tropa reúne-se, então, com alegria, em torno de mim. É maravilhoso ver como também os mais velhos e os mais teimosos respeitam a minha juventude. Travamos confiança e algum acaba sempre contando como foi a sua vida, e meu coração, com frequência, se comove com esses destinos. Recomeço a falar de dias melhores. Os seus olhos vão se iluminando quando se lembram do elo que nos deve unir, e diante deles transluz a imagem orgulhosa do estado livre que começa a despontar.

Um por todos, todos por um! Existe um espírito feliz nessas palavras que sempre se apossa de meus homens como uma mensagem divina! Ó Diotima, desejar assim que a natureza rígida se enterneça de esperanças, que seus pulsos batam com força maior, que uma testa sombria se desdobre e ilumine com projetos, estar assim numa esfera de homens, envolto pela sua crença e pela alegria, isso é mais do que contemplar a terra, o céu e o mar em toda a sua glória.

Em seguida, os treinos nas armas e nas marchas até o meio-dia. A coragem feliz os torna abertos ao aprendizado e faz de mim um mestre. Ora se estreitam em filas macedônias, levantam os braços, ora voam como raios, lançando-se uns contra os outros em pequenas multidões numa luta simulada, onde a agilidade da força deve adaptar-se a cada lugar, e cada um é o seu próprio estrategista, reencontrando-se depois em pontos seguros. Sempre, aonde quer que se encaminhem ou se levantem nessa dança guerreira, paira diante deles e de mim a imagem dos escravos dos tiranos e do real campo de batalha.

Lá fora, quando o Sol brilha com calor mais intenso, formamos conselhos no interior da floresta, e é uma grande alegria reger o futuro assim com a mente tão tranquila. Retiramos a força do acaso, assenhoramo-nos do destino. Deixamos surgir resistência segundo a nossa própria vontade, provocamos o adversário para o que estamos preparados. Ou, então, espreitamos, parecendo amedrontados, e permitimos a sua aproximação até que a sua cabeça alcance o nosso golpe. Assim fazemos com que rapidamente se desestabilizem, e essa é a minha panaceia. Os médicos experimentados, porém, nada resguardaram desse meio curador de todas as doenças.

    Com que gosto reencontro, à noite, meu Alabanda, quando, com prazer, rodeamos em nossos corcéis saltitantes as colinas avermelhadas de Sol, quando, sobre os cimos em que nos demoramos, o ar sopra pelas crinas de nossos animais, e o sussurro amistoso se mistura em nossa conversa. Quando de longe avistamos Esparta, o prêmio de nossa luta! E, ao voltarmos, sentando-nos juntos no amável frescor da noite, onde a taça perfuma e o luar ilumina nossa refeição modesta e, em meio à nossa quietude sorridente, a história dos antigos se eleva como uma nuvem do solo sagrado que nos dá sustento. Como é cheio de ventura tocar as mãos em tais momentos!

    Alabanda fala ainda daqueles que a duração entediante do século martiriza, daquelas vias estranhas e sinuosas que a vida atravessa quando o seu curso reto se vê impedido, lembrando assim meu Adamas com suas viagens, sua nostalgia pelo coração da Ásia – tudo isso, paliativo da indigência, como gostaria então de chamá-lo – meu bom velho! Vem, e constrói teu mundo! Conosco! Pois o nosso mundo é também o teu.

    Também o teu, Diotima, pois é uma cópia de ti. Ó tu, com a quietude dos Elíseos, se pudéssemos criar o que tu és.

Port Tolon bei Nauplia/Porto de Tólo em Náuplia, Staatliche Graphische Sammlung.

Hipérion a Diotima

Já contamos agora com três vitórias em pequenas batalhas onde os combatentes se entrecruzavam como raios até que tudo se tornasse uma única chama. Navarino é nossa e encontramo-nos diante da fortaleza de Misistra, o maior remanescente da antiga Esparta. Sobre uma ruína que se acha diante da cidade, finquei a bandeira que arranquei de uma corja de albaneses. Com alegria, lancei no Eurotas o meu turbante turco, passando a usar desde então o elmo grego.

Como gostaria de te ver, minha jovem! Ver-te é o que gostaria, tomar as tuas mãos e pressioná-las sobre o meu coração cuja alegria logo, logo, será imensa! Logo! Em uma semana talvez, o antigo, nobre e sagrado Peloponeso ver-se-á liberado.

E então, minha cara, ensina-me a ser piedoso! Ensina ao meu coração ardente uma prece! Deveria silenciar, pois o que cheguei a fazer? E se tivesse feito alguma coisa sobre o que pudesse contar, o que ainda estaria faltando? Mas o que posso fazer se meus pensamentos são mais velozes do que o tempo? Gostaria tanto que fosse o inverso, que o tempo e os atos antecipassem os pensamentos e que a vitória alada se adiantasse à própria esperança.

Meu Alabanda floresce como um noivo. De cada olhar seu, o mundo por vir me sorri, e com isso quase consigo aplacar toda impaciência.

Diotima! Não trocaria essa felicidade em devir pelo mais belo tempo da vida da antiga Grécia, e a menor de nossas vitórias me é mais cara do que Maratona, Termópilas e Plateias. Não é verdade que para o coração a vida convalescente guarda mais valor do que aquela pura, que jamais chegou a conhecer a doença? Só amamos a juventude quando ela se foi e, uma vez perdida, é somente quando retorna que chega a alegrar todas as profundezas da alma.

No Eurotas está a minha tenda, e quando acordo, depois da meia-noite, o antigo deus do rio para além me impele, e, sorrindo, recolho as flores da margem para dispersá-las numa onda cintilante, dizendo-lhe: receba-as como sinal, tu, o solitário! Logo a antiga vida haverá de florescer novamente para ti.

Diotima a Hipérion

Recebi a carta, meu Hipérion, que me escreveste a caminho. Tu me comoves violentamente em tudo o que dizes e, muitas vezes, em meio ao meu amor, arrepio-me ao ver o jovem meigo e suave, que a meus pés costumava chorar, transformado nesse guerreiro vigoroso.

Será que não desaprenderás o amor?

Mas prossegue a transformação! Eu te seguirei. Creio que se tu pudesses odiar-me, ainda assim, eu haveria de acompanhar-te, esforçando-me por te odiar para que ambas as nossas almas se igualassem. Essas não são palavras exageradas ou pretensas, Hipérion.

Também não sou mais como antes. Falta-me o olhar afeiçoado para o mundo e o prazer livre em face de tudo o que vive. Somente o chão das estrelas ainda atrai os meus olhos. Penso, em contrapartida, com compenetração cada vez maior nos grandes espíritos do mundo passado, no fim que encontraram nessa terra, e as pobres mulheres de Esparta me conquistaram. Com isso, não esqueço porém os novos combatentes, os fortes, que sucumbiram na sua hora. Escuto, tantas vezes, cada vez mais perto e mais perto, o seu alarido de vitória que me chega após atravessar o Peloponeso. Vejo-os, tantas vezes, como uma catarata, desbancando-se pelas florestas de Epidauro e suas armas brilhando de longe, à luz do Sol e guiando-os como arauto. Ó meu Hipérion! E tu chegas veloz a Calauria para saudar as florestas sossegadas de nosso amor, para saudar-me e retornar, voando, ao teu trabalho. E pensas que eu temo o desfecho? Meu mais amado, por vezes tudo isso quer me derrubar, mas meus pensamentos maiores contêm como chama a geada.

Adeus! Cumpre o que te reclama o espírito! Não permita, pelo bem da paz, Hipérion, pelo bem da bela, nova e áurea paz, que a guerra dure tanto, pois será na paz, como já disseste, que as leis da natureza haverão de se inscrever em nossas tábuas da justiça, e onde a própria vida, onde ela, a natureza divina, a que não se deixa escrever em livro algum, adentrará o coração de nossa comunidade. Adeus.

Hipérion a Diotima

Deverias ter-me serenado, minha Diotima! Deverias ter-me dito para não me apressar, para depois da vitória acertar as contas com o destino, como se faz com devedores miseráveis. Ó jovem! Ficar quieto é pior do que tudo. Meu sangue resseca nas veias, estou sedento por prosseguir, mas devo permanecer aqui no ócio da espera, à espreita, à espreita, um dia após o outro. Nosso povo quer precipitar o ataque, mas isso só faria incandescer os ânimos já inflamados até o êxtase, magoando nossas esperanças, já que no excesso de sua selvageria dilaceraria a medida e o amor.

Não sei, mas pode durar ainda alguns dias até que Misistra se renda. Gostaria que estivéssemos mais adiante. Aqui no campo é para mim como um ar prenhe de intempérie. Estou impaciente, e minha gente também não me agrada. Um ânimo terrificamente petulante os domina.

Mas não sou prudente ao dar tanta atenção ao meu humor. E pela antiga Lacedemônia vale a pena preocupar-se antes de ocupá-la.

Hipérion a Diotima

Aconteceu, Diotima! Nossa gente saqueou, matou indiscriminadamente, e até mesmo os nossos irmãos, os gregos em Misistra, os inocentes, ou foram atingidos ou eram desprotegidos e perdidos. As suas desoladas frontes mortas clamam ao céu e à Terra vingança contra os bárbaros à frente dos quais eu me encontrava.

Agora posso ir e pregar minhas boas causas. Oh, agora todos os corações voam para mim!

Mas também fui sensato. Reconheci minha gente. De fato, foi um projeto extraordinário, plantar meu paraíso com uma corja de ladrões.

Não, pela Nêmesis divina! Foi benfeito. Tenho de suportá-lo até que a dor dilacere minha última consciência.

Achas que deliro? Carrego a honra de uma ferida causada por um de meus seguidores quando tentei impedir o horror. Se deliro devo arrancar o curativo que a guarda para que o sangue escorra até o lugar a que pertence, até essa terra desolada.

Essa terra desolada! Nua, que quis revestir com os bosques do sagrado, que quis adornar com todas as flores da vida grega!

Oh, teria sido belo, minha Diotima.

Achas que me desencorajo? Jovem amada, tudo é demasiado insano. De todos os confins surgem bandos enfurecidos. Como uma epidemia, a pilhagem delira desenfreada em Moreia, e quem também não toma a espada vê-se caçado, destroçado pelos furiosos, que afirmam em altos brados que estão a combater pela nossa liberdade. Outros bárbaros foram contratados pelo sultão e agem como os demais.

Acabo de ouvir que nosso exército desonrado foi dizimado. Os covardes encontraram em Trípoli um bando de albaneses cujo número não excedia a sua metade. Nada havendo para se pilhar, os miseráveis debandaram. Os russos que dividiam conosco a batalha, quarenta homens bravos somente, os únicos a resistir, encontraram todos a morte.

E assim eis que agora me reencontro, como antes, sozinho com meu Alabanda. Desde que o amigo fiel me viu cair e sangrar em Misistra, esqueceu-se de tudo o mais, de suas esperanças, de seu prazer pela vitória, de suas dúvidas. Colérico, precipitando-se entre os saqueadores como um deus punidor, retirou-me do tumulto, cheio de carinho, e suas lágrimas reticularam minha veste. Permaneceu comigo na cabana onde me encontro desde então, e só agora me alegro com isso. Pois, se tivesse continuado, hoje ele haveria de jazer sob a poeira, em Trípoli.

Como tudo isso acabará eu não sei. O destino me arrasta para o incerto, e eu bem o mereci. Minha própria vergonha me exila de ti, e quem sabe por quanto tempo?

Ah! Eu te prometi uma Grécia e recebes um canto de lamento. Que seja então o teu consolo!

Hipérion a Diotima

É com esforço que teço as palavras.

É com gosto que se fala, que se tagarela como os pássaros, enquanto o mundo sopra sobre nós como ar de maio. Mas entre o meio-dia e à noitinha tudo pode se modificar, e afinal o que é que se perde?

Crê em mim e lembra o que te digo do fundo de minha alma: a linguagem é um grande transbordamento. O melhor sempre permanece para si, repousando em seu fundo como as pérolas no fundo do mar. – Mas o que propriamente queria te escrever, porque, não obstante, a pintura deve ter a sua moldura e o homem o seu dia de trabalho, é que pretendo engajarme, durante algum tempo, na frota russa, pois com os gregos não tenho mais nada em comum.

Ó minha cara jovem, as trevas abateram-se sobre mim!

Hipérion a Diotima

Vacilei, lutei. Mas, finalmente, assim deve ser.

Vejo o que é necessário e porque assim o vejo deve tornar-se necessário. Não me compreendas mal! Não me condenes! Mas devo aconselhar-te a me deixares, minha Diotima.

Nada mais sou para ti, ser da minha afeição! Esse coração esgotou-se para ti, e meus olhos não veem mais o que vive. Oh, meus lábios estão ressecados. O doce hálito do amor não agita mais o meu peito.

Um dia arrancou de mim toda juventude. No Eurotas, minha vida deitou um pranto cansado, ah! em Eurotas, que reclama o ultraje irredimível sob os escombros da Lacedemônia, em todas as suas ondas. Aí, o destino me desacolheu. – Devo receber o teu amor como uma esmola? – Não sou nada, sou tão sem glória como o escravo mais miserável. Sou exilado, foragido como um rebelde vulgar, e alguns gregos em Moreia haverão de contar aos seus netos sobre os nossos atos heroicos como se fossem estórias de bandidos.

Ah! E mais uma coisa que há tanto tempo venho te calando. Meu pai me renegou inteiramente, expulsando-me de forma irrevogável da casa de minha juventude, não quer mais me rever, nessa vida e nem na outra, como ele mesmo disse. Foi assim que respondeu a carta onde lhe escrevi sobre esse meu começo.

Que a compaixão nunca te leve a errar. Creia-me, em qualquer parte resta ainda uma alegria. A dor autêntica entusiasma. Quem penetra a sua miséria encontra-se mais acima. E é magnífico que, somente na dor, cheguemos a sentir corretamente a liberdade da alma. Liberdade! Quem compreende essa palavra – é uma palavra profunda, Diotima. Estou tão intimamente conturbado, tão inauditamente doente, e no entanto há em mim uma força, algo incontrolável, que atravessa minhas pernas com um doce calafrio, toda vez que algo me comove.

Tenho também ainda o meu Alabanda. Esse tem tão pouco a ganhar como eu. Perto dele posso manter-me ileso. Ah! O jovem régio bem teria merecido uma sorte melhor! Ele se fez tão terno e calmo que me dilacera o coração. Mas um sustenta o outro. Não nos dizemos nada. O que haveríamos de dizer? Há, no entanto, uma bênção em certos favores amorosos que trocamos entre nós.

Ele dorme e sorri com suficiência em meio ao nosso destino. Ele, o bom! Não sabe o que eu faço. Ele não poderia suportar. Deves escrever a Diotima, pediu-me, e dizer-lhe que logo deve pôr-se contigo a caminho, no intuito de fugir para uma terra suportável. Ele não sabe, todavia, que um coração que aprendeu a duvidar tanto, como o dele e o meu, não é mais digno da amada. Não! Não! Tu não encontrarias nenhuma paz em Hipérion, tornar-te-ias infiel, e isso eu quero te poupar.

Portanto, adeus, minha doce jovem! Adeus! Gostaria de te dizer, vá para ali, vá para lá, pois aí murmuram as fontes da vida. Gostaria de te mostrar uma terra livre, uma terra cheia de beleza e cheia de alma, e dizer: aí tens salvação! Mas ó céus! Se eu pudesse seria também um outro e não deveria então igualmente despedir-me – despedir-me? Ah! não sei o que faço. Acreditava-me tão pronto, tão lúcido. Agora sinto vertigens e meu coração oscila como um doente cheio de impaciência. Ai de mim! Deitei por terra minha última alegria. Mas assim tinha de ser e o grito da natureza é em vão. Devo-te isso, e, ademais, nasci para não ter lar e nem solo. Ó terra! Ó estrelas! Será que por fim encontrarei um lar?

Gostaria de retornar ao teu seio ainda uma vez, onde quer que fosse! Olhos do éter! Ainda uma vez neles reencontrar-me! Segurar-me em teus lábios, tu, amada! Tu, a indizível! E beber em mim a tua vida fascinante, tão docemente sacra – mas não ouças nada disso! Peço-te, não dês atenção! Diria que sou um sedutor se tu me escutasses. Tu me conheces, tu me compreendes. Saberás o quanto me estimas, não mais lastimando minha sorte, não mais me ouvindo.

Eu não posso, não devo mais – como pode viver o sacerdote quando o seu deus não mais existe? Ó gênio de meu povo! Ó alma da Grécia! Devo descer, devo procurar-te no reino dos mortos.

Pronia/Pronia, Staatliche Graphische Sammlung.

Hipérion a Diotima

Esperei muito, devo confessar-te, esperei ansiosamente de teu coração uma palavra de despedida, mas tu te calas. E isso é também uma linguagem de tua bela alma, Diotima.

Não é verdade que os acordes sagrados não deixam de entoar? Não é verdade, Diotima, que, mesmo no crepúsculo do terno luar do amor, brilham sempre ainda as estrelas elevadas de seu céu? Oh, a minha última alegria é sermos inseparáveis, mesmo quando de ti não me chega som algum, mesmo quando não mais retorna nenhuma sombra de nossa afável juventude!

Olho em direção ao mar avermelhado de ocaso, estendo o meu braço até o campo distante onde vives e minha alma se aquece ainda uma vez com as alegrias do amor e da juventude.

Ó terra! Meu berço! Toda delícia e toda dor reside na tua despedida.

Ó amadas ilhas da Jônia! E tu, minha Calauria, e tu, minha Tinos, por mais longe que estejais, permaneceis em meus olhos vivos, e meu espírito voa com as brisas sobre as chuvas ágeis e, vós, que cedeis ao crepúsculo, ó margens de Téos e Éfeso, onde outrora, nos dias de esperança, caminhei com Alabanda, reapareceis para mim como antes. Como gostaria de desembarcar nessa terra, beijar o solo, aquecê-lo em meu peito e balbuciar todas as doces palavras de despedida para a terra silenciosa antes de soltar-me no livre.

Pena, pena que agora não esteja melhor entre os homens, pois, do contrário, adoraria permanecer nesse bom planeta. Mas posso evitar essa esfera terrestre, e isso é mais do que tudo aquilo que pode existir.

"Deixa-nos suportar a escravidão à luz do sol, ó criança!", disse a mãe a Polixena,[24] e o seu amor pela vida não poderia falar com maior beleza. Mas a luz do Sol que justamente me

---

24 **N.T.:** Citação não fiel, mas interpretada por Hölderlin da *Hécuba* de Eurípides (verso 415). Cf. o artigo de Otto Hense, Friedrich Hölderlin.

dissuade da escravidão é que não me deixa permanecer nessa terra de indignação, e os raios do sagrado me atraem como as veredas que conduzem à terra natal.

De há muito, a majestade da alma sem destino tornou-se para mim mais presente do que tudo o mais. Cheguei a viver, algumas vezes, em mim mesmo, numa solidão magnífica. Acostumei-me a sacudir as coisas exteriores como flocos de neve. Como deveria então encabular-me de procurar o que se chama de morte? Não me libertei milhares de vezes em pensamento, por que então não me conviria fazê-lo realmente? Será que como escravos da gleba estamos acorrentados ao solo que plantamos? Será que somos como aves domesticadas, que não se atrevem a deixar o pátio porque é lá que são nutridas?

Somos como a jovem águia que o pai rechaça do ninho para procurar a sua presa no alto do éter.

Amanhã dar-se-á o ataque de nossa frota, e a luta será ardente. Considero essa batalha como um banho para limpar a minha poeira. Sei que vou encontrar o que desejo. Desejos como esses se realizam facilmente, num tal lugar e posição. Assim essa batalha haveria de me propiciar alguma coisa e mostrar que para os homens tudo vale a pena.

Alma piedosa! Gostaria de dizer, pensa em mim quando vieres até o meu túmulo. Mas eles, decerto, me lançarão nas ondas do mar, onde se reúnem todas as fontes e correntes que amei, onde se elevam as nuvens da tempestade e onde se deixam embeber as montanhas e os vales que amei. E nós? Diotima! Diotima! Quando nos veremos de novo?

É impossível, e minha vida mais íntima se revolve quando chego a pensar que nos perdemos. Seria capaz de passar milênios a peregrinar pelas estrelas, vestindo-me de todas as formas, em todas as línguas da vida para te reencontrar, uma única vez. Mas penso que o mesmo logo encontra o mesmo.

Neue Jahbücher für das klassische Altertum. *Geschichte und deutsche Litteratur*, 1904. I, p. 515-541, especialmente p. 536.

Alma grande! Saberás não te perder nessa despedida, e por isso deixa-me partir! Saúda a tua mãe! Saúda Notara e os outros amigos!

Saúda também as árvores onde te encontrei pela primeira vez, os riachos felizes por onde andamos e os belos jardins de Angele. Concede-me, ó amor!, que minha imagem ali te encontre. Adeus.

Livro II

HIPÉRION A BELARMINO

Foi num sonho amável que transcrevi as cartas que troquei. Volto agora a te escrever, meu Belarmino, e te conduzirei lá para baixo, até o fundo mais fundo de meus sofrimentos para que, ó último de meus amores, me acompanhes até o lugar iluminado por um novo dia.

A batalha sobre a qual escrevi a Diotima começou. Os navios turcos refugiaram-se no canal entre a ilha de Quios e a costa asiática, permanecendo no litoral oeste acima de Cesme. Meu almirante fez com que o seu navio, no qual eu mesmo me encontrava, deixasse o alinhamento e deflagrou o prelúdio com o primeiro navio dos turcos. Já no primeiro ataque, o par colérico inflamou-se até o delírio. Um tumulto horrendo, embriagado de vingança. Os navios não tardaram a se atracar com os cordames. O cerco do combate irado tornou-se cada vez mais estreito.

Um profundo sentimento de vida ainda me atravessava. Sentia-me bem e quente em todos os membros. Como uma terna separação, meu espírito experimentou, pela última vez, todo o seu sentido. E então, cheio de desânimo ardente, eu que não encontrava nada melhor do que me deixar massacrar numa horda de bárbaros, com os olhos irados de lágrimas, lancei-me para a morte certa.

Vi-me suficientemente próximo do inimigo e, em poucos instantes, não restava um só dos russos que lutavam ao meu lado. Vi-me sozinho, cheio de orgulho, e lancei minha vida, como uma esmola, diante dos bárbaros, mas eles não me quiseram. Olharam-me como aquele diante do qual se teme pecar, e o destino parecia respeitar o meu desespero.

Por exclusiva legítima defesa é que um deles, por fim, me mirou e atirou até que eu caísse. Perdi então a consciência até reacordar em Paros, para onde um navio me havia transportado.

Soube pelo criado que me retirou da batalha que ambos os navios, que começaram a batalha, explodiram nos ares no momento em que ele e o médico me afastaram e colocaram no barco. Os russos incendiaram o navio turco, mas, como o seu estava atado àquele, queimou juntamente.

Sabes como terminou essa terrível batalha. Assim um veneno pune o outro, clamei, ao saber que os russos queimaram toda a esquadra turca – assim os tiranos exterminam a si mesmos.

Hipérion a Belarmino

Seis dias após a batalha encontrava-me, sofrendo, num sono semelhante à morte. Com suas dores, minha vida era como uma noite, interrompida por estouros de raios. O primeiro que reconheci foi Alabanda. Ele não me abandonou, segundo soube, nem um só instante. Tratou-me praticamente sozinho, com zelo inconcebível, com milhares de ocupações ternas e caseiras que em vida jamais havia dado atenção, e podia-se ouvi-lo implorar, ajoelhado diante de meu leito: "Oh, vive, meu caro! Para que eu viva!".

Foi um bom despertar, Belarmino! Quando meus olhos abriram-se de novo para a luz e o magnífico encontrava-se diante de mim com as lágrimas do rever.

Minha mão o alcançou, e o orgulhoso a beijou com todo o calor do afeto. "Ele vive", gritou, "ó redentora! Ó natureza! Tu, bondosa, sagrada e salutar! Teu pobre par, esse sem lar nem pátria, errante, tu não o abandonaste! Oh, jamais esquecerei, Hipérion! O teu navio ardendo em chamas diante de meus olhos. Como um trovão, a brasa devastadora expulsava os marinheiros e, dentre os poucos sobreviventes, não se encontrava Hipérion.

Fiquei fora de mim, e o alarido colérico da batalha não se aquietava dentro de mim. Mas logo soube de ti e, assim que demos cabo do inimigo, corri ao teu encontro!"

E como ele agora me acolhia! Como ele, num cuidado amável, mantinha-me prisioneiro no círculo mágico de suas gentilezas! Como ele, sem palavras, numa calma imensa, ensinava-me a compreender, viril e despojadamente, o livre curso do mundo!

Ó filhos do Sol! Ó almas livres! Nesse Alabanda, muito se perdeu. Busquei em vão e implorei a vida desde que ele se foi. Jamais reencontrei natureza tão romana. Ele, livre das preocupações, entendedor do profundo, o bravo, o nobre, onde se encontra um homem se ele não o foi? E quando se me mostrava amigável e piedoso era como se a luz do entardecer brincasse na escuridão dos carvalhos majestosos e suas folhas gotejassem a tempestade do dia.

Hipérion a Belarmino

Foi durante os belos dias do outono que, semirrecuperado de minhas feridas, me recoloquei pela primeira vez à janela. Voltei à vida com os sentidos mais apaziguados, e minha alma tornou-se mais atenta. Com sua magia mais silenciosa, o céu me soprava e, ternos como uma chuva de flores, os raios do Sol escorriam com satisfação. Havia um espírito grandioso, calmo e terno nessa estação, e a paz da completude, o enlevo da temporalidade me envolviam no sussurro de seus galhos como a juventude renovada que os antigos esperavam de seus Elíseos.

De há muito não saboreava, com alma pura, a vida pueril do mundo. Meus olhos abriam-se agora com todas as alegrias do rever, e a natureza aventurada mantinha-se imutável em sua beleza. Minhas lágrimas corriam diante dela, como um sacrifício expiatório, e cheio de calafrios, em lugar do antigo desânimo, surgia em mim um coração fresco. "Ó mundo vegetal, sagrado e salutar!", disse, "Cobiçamos e tramamos, mas ainda te possuímos! Lutamos, com forças mortais, para construir a beleza, e ela cresce, tão despreocupadamente, ao nosso lado! Não é verdade, Alabanda? Os homens são feitos para cuidar da indigência, e tudo o mais surge de si mesmo. E, todavia, não poderei esquecer que quis muito mais".

"Que te baste, meu caro, ser", exclamou Alabanda, "e não mais perturbes tua ação tranquila com a tristeza".

"Também quero apaziguar-me. Oh, quero rasgar todos os projetos, todas as pretensões, como se fossem títulos de dívidas. Quero manter-me puro como um artista, quero amar-te, vida inocente, vida do bosque e da fonte! A ti quero celebrar, luz do sol! Serenar-me em ti, belo éter, que animas as estrelas, que aqui envolves num sopro essas árvores e nos toca o íntimo do peito! Ó obstinação dos homens! Como um mendigo, abaixei a nuca e os deuses silenciosos da natureza contemplaram-me com todos os seus dons!   Sorris, Alabanda? Oh, quantas vezes, em nossos primeiros tempos, não sorriste quando esse teu rapaz tagarelava, num ânimo embriagado de juventude, enquanto tu te levantavas como a coluna calma de um templo, sob os escombros do mundo, e tinhas de sofrer porque os sarmentos de meu amor cresciam nas tuas encostas – vê! como uma faixa que se retira de meus olhos e, diante deles, reaparecem os antigos dias áureos mais uma vez cheios de vida".

"Ah!", ele exclamou, "Essa seriedade e prazer de viver que nos animava".

"Quando caçamos na floresta", falei, "quando nos banhamos na correnteza do mar, quando cantamos e bebemos, e em meio às sombras de loureiros iluminavam-nos o Sol e o vinho, os olhos e os lábios... Era uma vida única e nosso espírito, como um céu brilhante, cercava de luz a nossa felicidade juvenil". "Por isso um não abandonava o outro", disse Alabanda.

"Devo fazer uma difícil confissão", falei. "Será que acreditarás em mim se disser que eu quis ir para longe de ti? Que busquei violentamente a minha morte? Não foi isso sem coração? Enlouquecido? Ah, e minha Diotima! Disse-lhe numa carta que me abandonasse e, numa outra ainda, escrita na noite anterior à batalha..." "Mas escreveste, indagou, que querias encontrar o teu fim na batalha? Ó Hipérion! Ela ainda não recebeu a última carta. Deves apressar-te em escrever e dizer a ela que estás vivo".

"Meu bom Alabanda!", disse, "Isso é consolo! Escreverei imediatamente e enviarei meu criado. Oferecerei tudo o que tenho para que ele se apresse e chegue a bom tempo em Calauria".

"E a bondosa alma, compreensiva, haverá de te perdoar pela última carta, aquela que fala da desistência", ele acrescentou.

"Perdoará?", perguntei. "Ó esperança! Se ainda pudesse ser feliz com esse anjo!".

"Ainda serás feliz", respondeu Alabanda. "Ainda te resta o tempo mais feliz de tua vida. O jovem é um herói, o homem, um deus, se consegue sobreviver para isso".

As suas palavras alvoreceram minha alma de modo maravilhoso.

O cimo das árvores estremeceram com suavidade. Como flores da terra escura, as estrelas irrompiam do peito da noite e a primavera dos céus me iluminava com alegria sagrada.

Hipérion a Belarmino

Alguns instantes antes de começar a escrever para Diotima, Alabanda entrou alegremente no quarto. "Uma carta, Hipérion!", disse ele, gritando. Agarrei-a.

"Quanto tempo", escreveu Diotima, "tive de viver sem um sinal teu! Escreveste-me sobre os dias fatais em Misistra e respondi o mais rápido possível. Mas não recebeste a minha carta. Escreveste-me novamente, breve e seco, dizendo que pretendias partir com a esquadra russa. Respondi. Mas essa carta também não recebeste. Também esperei em vão, de maio até agora, esse final do verão, quando há pouco chegou a carta pedindo que eu desista de ti, meu amado!

Confiaste que essa carta não haveria de me ofender. No meio de tanto tormento, isso chega a alegrar meu coração.

Espírito elevado e infeliz! Eu te compreendi bem demais. Oh, é tão natural que não queiras mais amar quando teus grandes anseios mancharam-se de vergonha. Não é pois de se esperar que desdenhes a refeição quando estás prestes a morrer de sede?

Soube logo. Não poderia ser tudo para ti. Poderia eu te libertar do laço da mortalidade? Poderia eu apaziguar as chamas do teu peito para as quais não corre fonte alguma e nas quais não cresce nenhuma videira? Poderia te oferecer numa taça as alegrias de um mundo?

Isso é o que queres. É o que precisas e não podes de outro modo. A desmesurada impotência de teus contemporâneos assassinou a tua vida.

Quem, como tu, já teve a alma tão magoada, esse não mais descansa nas alegrias particulares; quem, como tu, sentiu de tal modo o nada enfadonho, só se anima no espírito mais elevado; quem, como tu, experimentou a morte é que pode recuperar-se entre os deuses.

Felizes são todos aqueles que não te compreendem! Quem te compreende deve partilhar contigo as tuas grandezas e o teu desespero.

Eu te encontrei como és. A primeira curiosidade da vida me impeliu para a maravilha de teu ser. De maneira indizível, a alma terna me atraiu e, destemida como as crianças, brinquei com teu fogo perigoso. As belas alegrias de nosso amor te asserenaram. Homem mau! Somente para te tornarem ainda mais selvagem. Elas asserenaram e consolaram também a mim, fizeram-me esquecer que no fundo eras inconsolável e que também eu não estava muito longe de assim me tornar, desde que te vi em teu coração amado.

Em Atenas, nos escombros do Olimpo, experimentei um novo sentimento. Senão teria pensado ainda por um leve instante que a tristeza do jovem não era tão séria e tão implacável. É raro que, desde os seus primeiros passos na vida, um homem receba todo o destino do seu tempo de maneira tão total, tão detalhada, tão súbita e profunda. Que esse sentimento o enlace tão irrevogavelmente porque ele não é rude suficiente para combatê-lo e nem fraco suficiente para lamentá-lo. Isso, meu querido! É tão raro que quase nos parece privado de toda naturalidade.

Então, nos escombros da afável Atenas, eu mesma fui tomada pela sensação de que a página virou, de que agora os mortos caminham sobre a terra e, embaixo, andam os vivos, os homens-deuses. Nesse dia, vi tudo isso escrito em teu rosto, de modo bastante literal e real, e te dei inteira razão. Mas, ao mesmo tempo, tu me parecias ainda maior. Um ser cheio de força misteriosa, cheio de um significado profundo, não desenvolvido, tu me parecias um jovem único, pleno de esperança. A quem o destino fala em tão alto e bom tom, este deve também falar em alto e bom tom com o destino, disse para mim mesma. Quanto mais insondavelmente ele sofre, mais insondavelmente é forte. De ti, de ti, esperava então toda recuperação. Eu te via viajar. Eu te via agir. Ó transformação! Fundado por ti, o bosque do Academo verdejou mais uma vez. O ácer do Ilisso voltou a ouvir os alunos obedientes e as conversas sagradas.

Em tua escola, o gênio de nossos jovens logo reconquistou a seriedade dos antigos, e seus jogos efêmeros tornaram-se imortais, pois ele se envergonhava de considerar escravidão o voo das borboletas.

Para um deles, teria sido suficiente domar um corcel. Agora ele conduz o exército. Para outro, teria sido suficiente cantar uma canção. Agora é um artista. Pois lhes demonstraste, numa luta aberta, as forças dos heróis, as forças do mundo. Ofereceste-lhes os enigmas de teu coração para que os decifrassem. E assim os jovens aprenderam a reunir o que é grande, a compreender o jogo da natureza, a bem-aventura, e esqueceram-se da dor. – Hipérion! Hipérion! Não fizeste de mim, a menor, uma musa? Assim também com os demais.

Ah! Mas os homens companheiros não se perdem com tanta facilidade, não erram como a areia no vendaval selvagem. Não tratam com escárnio a juventude e a idade, não faltam em hospitalidade para um estranho, os camaradas de uma terra natal nunca se separam, e os amantes nunca sofrem. Refrescam-se em tuas fontes, natureza. Ah! Nas alegrias sagradas, que cheias de mistério jorram de tuas profundezas e renovam o espírito. Os deuses reanimam a alma fenecida dos homens. Os deuses, suportes do coração, preservam entre eles todo elo amigável. Pois tu, Hipérion, sacralizaste os olhos de teus gregos para que eles vissem o que é vivo e neles reacendeste o entusiasmo, como o fogo que da madeira se desprende, para que sentissem o entusiasmo calmo e constante da natureza e de seus filhos de pureza. Ah, agora os homens, como os que profanam o poema do artista, louvando as palavras e nelas descobrindo utilidade, não se apercebem da beleza do mundo. Para os gregos foste um exemplo mágico, natureza viva! E toda a humanidade, deixando-se arrebatar pela felicidade eternamente jovial dos deuses, foi outrora uma festa. Mais bela do que a música guerreira era a luz de Hélio, que guiava os atos dos jovens heróis.

 Silêncio! Silêncio! Foi meu mais belo sonho, meu primeiro e último. Teu orgulho é grande demais para lidar por mais tempo com essa vil espécie. Fazes bem. Conduziste-os para a liberdade, mas eles pensavam no roubo. Introduziste-os vitoriosos na antiga Lacedemônia e esses monstros a pilharam. Foste amaldiçoado pelo teu pai, grande filho!, e nenhuma selva, nenhum inferno é suficientemente seguro para ti nessa terra grega que abraçaste como um reino sagrado, que amaste mais do que a mim.

 Ó meu Hipérion! Não sou mais aquela jovem meiga desde que sei de tudo isso. A indignação me arrasta a ponto de quase não me ser possível ver a terra. Meu coração magoado treme sem parar.

 Queremos nos separar. Tens razão. Também não quero filhos, pois não quero lhes oferecer como proteção um mundo de escravos. Nessa aridez, as plantas, coitadas, murcham diante de meus olhos.

 Adeus. Meu jovem, tão caro! Vá para onde te parece valer a pena entregar a tua alma. O mundo decerto ainda possui um lugar de escolha, um altar de sacrifício onde podes liberar-te. Seria uma pena que todas essas boas forças se dissipassem como uma imagem de sonho. Mas, qualquer que seja o teu fim, retornarás para os deuses, retornarás para a vida sagrada, livre e jovial da natureza, de onde vieste. Que seja esse o teu único anseio e também o meu".

Assim ela me escreveu. Senti-me massacrado até o fundo do coração, cheio de pavor e alegria, buscando contudo recompor-me para encontrar palavras para a resposta.

"Consentes, Diotima?", escrevi, "Aceitas minha desistência? Foste capaz de compreendê-la? – Alma fiel! Foste capaz de resignar-te? Mesmo com o meu erro mais sinistro foste capaz de resignar-te, ó paciência celeste! E te entregaste, te desesperaste de amor, venturosa filha do seio da natureza! Te fizeste igual a mim e sacralizaste com tua companhia minhas tristezas? Bela heroína! Que coroa mereces?

Mas agora basta de tristeza, minha amada! Seguiste-me em minha noite, agora vem! E permite-me seguir para a tua luz, permite-nos retornar para a tua graça, belo coração! Permite-me rever a tua serenidade, natureza aventurada! E adormecer, para sempre, a soberba de meu ânimo, diante da imagem de tua paz.

Não é verdade, minha cara, que não é muito tarde para o retorno, que tu me receberás novamente e ainda poderás me amar como antes? Não é verdade que a felicidade dos dias passados não se perdeu para nós?

Fui até os extremos. Agi de modo demasiadamente ingrato com a terra natal, desperdiçando meu sangue e todas as bênçãos do amor que ela me doou como um escravo faz com seu salário. Ah! E milhões de vezes ingrato contigo, jovem sagrada, que, outrora, me recebeu em tua paz, eu, um ser tímido e dilacerado, de cujo peito, tão profundamente apertado, mal surgia um brilho juvenil, como desponta aqui e ali uma palhinha dos caminhos esmagados pelos pés. Não me chamaste para a vida? Não fui teu? Como pude então – Oh, tu sabes, como espero que ainda não tenhas nas mãos a carta infeliz que te escrevi antes da última batalha! Ali quis morrer, Diotima, e acreditei estar cumprindo uma obra sagrada. Mas como pode ser sagrado o que separa os amantes? Como pode ser sagrado o que massacra nossa vida de felicidade piedosa? – Diotima! Vida nascida da beleza! Tornei-me agora tão semelhante ao que te é mais próprio, aprendi enfim a atentar e preservar o que na terra é bom, íntimo e intenso. Oh, se pudesse chegar lá no alto onde resplandecem as ilhas celestes, será que encontraria mais do que encontro perto de Diotima?

Escuta-me, amada!

Não posso mais permanecer na Grécia. Isso bem sabes. Em sua despedida, meu pai destinou-me um tanto do que lhe restou, e que será bastante para nos permitir fugir até algum vale sagrado dos Alpes ou dos Pirineus, e lá adquirir uma casa hospitaleira, com a quantidade de terra verde que o áureo comedimento da vida precisa.

Se quiseres, posso chegar imediatamente e, na fidelidade de meus braços, carregar a ti e a tua mãe. Beijaremos a margem de Calauria, enxugaremos as lágrimas e nos apressaremos pelo istmo até o mar Adriático de onde um navio nos levará para longe.

Ó, vem! Nas profundezas do mundo montanhoso, os mistérios de nosso coração encontrarão descanso, como as pedras preciosas no poço, no seio das florestas que despontam para o céu. Será, para nós, como entre as colunas do templo mais resguardado, de onde os sem-deuses não conseguem se aproximar. E nos sentaremos na fonte, contemplando em seu espelho o mundo, o céu, a casa, o jardim e nós mesmos. Com frequência, caminharemos no contentamento da noite pela sombra de nosso pomar. Ouviremos o deus em nós, o amado, enquanto as plantas elevam sua cabeça baixa da sesta do meio-dia, enquanto a vida calma das tuas flores se refresca, banhando no orvalho os braços ternos, enquanto a brisa noturna as respira e perpassa e, sobre nós, desponta a relva celeste com todas as suas flores cintilantes e, ao lado, por trás das nuvens do Ocidente, o luar imita, com a timidez do amor, o ocaso do jovem Sol... E, pela manhã, quando o nosso vale como um leito de rio se encher de luz morna, o rio áureo correrá sereno entre as nossas árvores, protegendo a nossa casa e o quarto amoroso, embelezando a tua criação, e tu caminharás no esplendor do Sol e abençoarás meu dia com a tua graça. Amor! Quando então, ao festejarmos as delícias da manhã, veremos começar diante de nossos olhos a vida e a ocupação da terra como um fogo de sacrifício, também partiremos para o nosso dia de trabalho de modo a lançar na chama ascendente uma parte de nós. Não dirás então que somos felizes, que somos novamente como os antigos sacerdotes da natureza, os sagrados, contentes e piedosos, antes mesmo da construção de um templo?

Disse o bastante? Decide agora o meu destino, jovem tão cara, e logo! – É uma felicidade estar ainda meio enfermo desde a última batalha e não ter largado inteiramente as minhas obrigações. Pois, do contrário, não poderia me conter, teria de seguir, de indagar, e isso não seria bom pois significaria assediar-te.

Ah, Diotima! Pensamentos tolos e angustiados enchem meu coração, mas não consigo admitir que também essa esperança deva esmorecer.

Não te tornaste grande o suficiente para ainda retornar à felicidade da Terra? A chama veemente do espírito, que arde em teu sofrimento, não consome em ti toda mortalidade?

Bem sei, aquele que facilmente se separa do mundo também facilmente com ele se reconcilia. Mas tu, com a tua calma infantil, tu, tão feliz outrora em tua elevada humildade, Diotima! Quem haverá de querer, de reconciliar-te quando o destino te indigna?

Vida amada! Não mais encontras em mim nenhuma força salutar? De todas as vozes do meu coração não há mais nenhuma que te conclame o retorno à vida humana onde tu, outrora, num voo baixo, te demoravas com tanta amabilidade? Oh, vem, permanece nessa penumbra! Pois essa terra de sombras é o elemento do amor, e aqui a melancolia serena do orvalho escorre do céu de teus olhos.

Não te recordas mais de nossos dias áureos? Daqueles dias venturosos na afeição, divinos na melodia? Não murmuram mais de todos os bosques de Calauria?

E vê! Tanta coisa sucumbiu dentro de mim. Quase não tenho mais esperanças. Como um deus lar, salvei do fogo a tua imagem e o seu sentido celeste. Nossa vida, a nossa, ainda se mantém intacta dentro de mim. Será que devo partir e enterrar isso também? Devo vagar sem paz e sem meta, de uma estranheza para outra? Foi para isso que aprendi a amar?

Ó, não! Tu, primeira e última! Foste minha e permanecerás sendo minha".

Hipérion a Belarmino

Sentei-me com Alabanda sobre uma colina dessa região sob o calor amável do sol, e em torno de nós soprava o vento com folhas cadentes. A terra estava muda. Aqui e ali, escutava-se apenas uma árvore sendo abatida na floresta pelas mãos de um lenhador. Ao nosso lado, murmurava o riacho de chuva, que transitava rumo à calma do mar.

Estava bem despreocupado. Só esperava rever tão logo que possível minha Diotima e viver com ela uma felicidade calma. Alabanda dissipara-me todas as dúvidas, tão certo ele estava sobre isso. Ele também sentia-se contente, só que em outro sentido. O futuro já não tinha poder algum sobre ele. Oh, e eu que nada sabia. Ele estava no fim de suas alegrias, olhando o mundo com todo o seu direito, e toda a sua natureza vitoriosa via-se inútil, ineficaz e sozinha. Ele permitia que isso acontecesse como se tivesse perdido um jogo de passatempo.

Um mensageiro aproximou-se de nós. Trouxe a demissão do serviço de guerra que havíamos pedido à esquadra russa, já que para nós nada mais que valesse a pena podia se fazer. Podia agora abandonar Paros. Sentia-me bastante curado para a viagem. Não queria esperar pela resposta de Diotima, queria partir imediatamente para ela. Era como se um deus me impelisse para Calauria. Ao ouvir-me, Alabanda viu suas cores alteradas e olhou-me cheio de melancolia. É tão fácil assim, meu Hipérion, abandonar o teu Alabanda?

Abandonar? Mas como?

"Ó vós, os sonhadores!", exclamou. "Não vês que devemos nos separar?".

"Como deveria ver?", retruquei. "Não disseste nada sobre tudo isso. E quando, às vezes, avistava em ti um sinal de despedida, preferia tomar por humor, por excesso do coração..."

"Ó, conheço bem", disse ele, "esse jogo divino da riqueza amorosa que cria para si necessidades de modo a aliviar sua plenitude. Como gostaria que assim fosse no que me respeita, ó benevolente! Mas, dessa vez, é sério".

"Sério?", perguntei, "E por quê?"

"Porque", meu Hipérion, "disse ele com ternura, porque não quero perturbar tua felicidade futura, porque devo temer a proximidade de Diotima. Creia-me, é temerário viver entre os amantes, e um coração inábil como o meu dificilmente o suportaria".

"Ah, meu bom Alabanda!", disse sorrindo, "Como te subestimas! Não és feito de tanta cera, e tua alma firme não excede tão facilmente os próprios limites. Pela primeira vez em tua vida, mostras-te caprichoso. Pareces aqui um enfermeiro e pode-se ver que não nasceste para isso. O assentar-se quieto te fez tão tímido".

"Vês?", exclamou, "É isso. Viveria mais ativo ao vosso lado? E se ainda fosse uma outra?! Mas essa Diotima! Poderia de outro modo? Poderia senti-la só com a metade da alma? Ela, que no interior é tão una, uma vida divina indivisível? Creia-me, é uma tentativa infantil querer olhar esse ser sem amar. Tu me olhas como se não me reconhecesses? Nesses últimos dias, em que ela se fez tão viva, tornei-me um estranho para mim mesmo".

"Por que não posso presenteá-la para ti?", perguntei.

"Deixa disso!", ele falou. "Não me consoles, pois aqui não há o que consolar. Sou sozinho, sozinho, e minha vida passa como uma ampulheta".

"Alma grande!" disse eu, "Tens de chegar a isso?"

"Fica satisfeito. Já havia começado a murchar quando nos encontramos em Esmirna. Sim! Quando ainda era um jovem navegador e o espírito e todos os membros eram fortes e velozes no trabalho corajoso, não obstante o rude alimento! Quando, pelo ar alegre que segue uma noite de tempestade, subia até o alto do mastro e contemplava entre o sussurro das bandeiras os pássaros marinhos sobre a profundeza resplandecente, quando, na batalha, muitas vezes nossos barcos enfurecidos remexiam o lago como o dente do javali remexe a terra e eu me colocava ao lado de meu capitão com o olhar límpido – aí eu vivi, oh, aí eu vivi! E bem depois, na praia de Esmirna, onde o jovem Tiniote[25] encontrou-me com sua seriedade, seu amor, e seu jovem olhar descongelou minha alma endurecida, aprendi a amar e a considerar, de modo sagrado, tudo o que é bom demais para ser dominado. Quando recomecei com ele uma nova vida e em mim renasceram outras forças venturosas, capazes de saborear o mundo e combatê-lo, foi assim que ressenti a esperança. – Ah! E tudo o que esperei e cheguei a possuir viu-se atrelado a ti. Puxei-te para mim, quis atrair-te violentamente para o meu destino, te perdi, te reencontrei, nossa amizade fez-se então meu mundo, meu valor, minha glória. Agora tudo se perdeu para sempre e toda a minha existência é em vão".

"Então é verdade?", respondi suspirando.

"Verdade como o Sol", respondeu, "Mas deixa ser! A cada um o seu destino".

"Como, meu Alabanda?", perguntei.

"Deixa-me te contar", ele disse. "Há algo sobre o que ainda não te falei integralmente. Ademais, falar do passado trará serenidade tanto para ti como para mim.

---

25   **N.T.:** Aqui está-se referindo a Hipérion.

Certa vez caminhava desamparado pelo porto de Trieste. Alguns anos antes, havia naufragado o navio corsário que servia e consegui por sorte salvar-me com alguns outros, às margens de Sevilha. Meu capitão afogara-se, e a mim restaram somente a vida e a roupa encharcada. Despi-me, repousei ao Sol e sequei as roupas nos arbustos. De lá segui as ruas que conduziam até a cidade. Já antes dos portais, avistando uma comunidade alegre nos jardins, entrei e cantei uma divertida canção grega. Uma triste eu não conhecia. Sentia vergonha e dor em mostrar assim a minha desgraça. Era um rapaz de dezoito anos, selvagem e orgulhoso, e odiava como a morte ser objeto dos homens. Desculpai-me, disse, quando terminei minha canção. Venho de um naufrágio e hoje não sei servir melhor ao mundo do que cantar para ele. Falei em meu modesto espanhol. Um homem com uma fisionomia impressionante aproximou-se, ofereceu-me dinheiro e disse em nossa língua, com um sorriso: 'Toma! Compra uma pedra de amolar, aprende a afiar facas e depois caminha em direção à terra firme'. O conselho me agradou. 'Senhor, é o que quero de fato', respondi. Fui ricamente presenteado pelos demais, parti e fiz como o homem me aconselhara. Durante algum tempo, percorri a Espanha e a França.

Minha experiência durante esse tempo foi de como, na escravidão de milhares de fisionomias, se afiava o meu amor pela liberdade e como, a partir de algumas duras indigências, cresciam em mim a energia vital e o bom-senso. Tudo isso já te relatei, muitas vezes, com alegria.

Era com prazer que cumpria meu itinerante e inocente trabalho diário, mas por fim começou a amargura.

Consideravam como uma máscara o fato de eu não lhes parecer muito comum. Acreditavam que eu realizava silenciosamente tarefas perigosas, tendo sido até mesmo detido duas vezes. Isso me fez desistir e, com o pouco dinheiro que ganhei, lancei-me à viagem de regresso para a terra natal, há tanto tempo abandonada. Já estava em Trieste e pretendia descer pela Dalmácia. Lá, adoeci em razão da dura viagem e, com isso, dispensei minha pequena fortuna. Caminhava, então, meio recuperado e triste, pelo porto de Trieste. Subitamente, encontrava-se diante de mim o homem que em Sevilha me havia primeiro acolhido. Ele se alegrava imensamente em me rever, foi o que disse. Lembrava-se muitas vezes de mim e perguntou-me o que tinha acontecido comigo desde então. Contei-lhe tudo. 'Vejo', ele exclamou, 'que não foi em vão encaminhá-lo à escola do destino. Aprendeste a paciência, e agora deves agir se quiseres'.

O discurso, o seu tom, a pressão de suas mãos, sua fronte, seu olhar, tudo isso, como uma força dos deuses, penetrava-me o ser, agora ainda mais inflamável do que antes em vista de alguns sofrimentos, e a ele me entreguei.

O homem, Hipérion, de quem falo era um daqueles que viste comigo em Esmirna. Na noite seguinte, introduzi-me numa alegre comunidade. Ao entrar no salão, senti um grande arrepio. Meu acompanhante apontou os homens graves e sérios, dizendo: essa é a liga de Nêmesis. Extasiado pelo amplo círculo de feitos que diante de mim se abria, entreguei festivamente a esses homens o meu sangue e a minha alma. Logo depois, suspendeu-se a reunião, que deveria cumprir-se novamente em outro lugar daqui a alguns anos, e cada um seguiu o caminho indicado para o que deveria realizar no mundo. Associei-me àqueles em companhia de quem me encontraste em Esmirna.

A pressão sob a qual vivia torturava-me com frequência. Tampouco via as grandes ações da liga, e o meu prazer de agir descobria pouca satisfação. Tudo isso não foi, porém, suficiente para que eu me rebelasse. Foi a nostalgia que sentia por ti que por fim o permitiu. Disse-te, muitas vezes, que, quando partiste, me senti sem ar nem sol; e não tinha outra escolha. Ou desistia de ti ou de minha liga. O que escolhi tu sabes.

Mas toda ação humana tem, por fim, a sua punição, e somente os deuses e as crianças não se encontram com a Nêmesis.

Preferi a divina justiça do coração. Rompi meu juramento por causa do meu dileto. Não foi justo? O anseio mais nobre não deve ser o mais livre? – Meu coração tomou-me ao pé da letra. Dei-lhe liberdade e, como vês, ele a necessita.

Homenageia o gênio apenas uma vez e ele não mais te concede nenhum empecilho mortal, arrasando toda aliança da vida.

Rompi o dever por causa do amigo, e romperia a amizade por causa do amor. Por Diotima seria capaz de te enganar e, porque não chegaríamos a constituir uma unidade, acabaria por matar a mim e a ela. Mas esse curso não deve ser seguido. Se devo expiar o que fiz, então que seja com liberdade. Escolho meus próprios juízes. Aqueles para quem eu falhei, esses devem me possuir".

"Referes-te aos teus confrades?", indaguei. "Ó meu Alabanda! Não faças isso!"

"O que eles podem me tomar além de meu sangue?", respondeu, tocando-me a mão com ternura. "Hipérion!", exclamou, "Meu tempo acabou, e o que me resta é apenas um final nobre. Deixa-me! Não me tornes pequeno e acredita em minhas palavras! Sei tão bem quanto tu que poderia construir uma existência artificial, que poderia, uma vez consumida a vida, ainda brincar com as migalhas, mas isso não me convém. Também não a ti. Preciso dizer mais? Não te falo a partir de tua própria alma? Estou sedento de ar, de frescor, Hipérion! Minha alma transborda por si mesma e não consegue mais se sustentar em círculos antigos. Aproximam-se os belos dias de inverno em que a terra escura nada mais é do que a lâmina refletindo o céu iluminador. Esse seria então o tempo certo já que, nele, brilham hospitaleiramente as ilhas da luz! Essas palavras te surpreendem? Meu mais caro! Todos os que se acham à beira da separação falam como ébrios e comportam-se festivamente. Quando a árvore começa a murchar, todas as suas folhas não carregam as cores avermelhadas da aurora?"

"Alma grande, clamei, "Devo compadecer-me de ti?"

Senti em toda a sua elevação a profundidade de seu sofrimento. Nunca experimentei, na vida, tamanha dor. E no entanto, ó Belarmino, também senti a maior de todas as alegrias, essa de possuir uma imagem tão divina em meus olhos e em meus braços. "Sim! Morre", exclamei, "morre! Teu coração é suficientemente magnífico, tua vida madura como as uvas nos dias de outono. Vá, ó completo! Se Diotima não existisse, eu partiria contigo".

"Tenho a ti então?", respondeu Alabanda, "Falas mesmo assim? Como tudo é profundo e bem-aventurado quando meu Hipérion o apreende!" "Lisonjeador", disse eu, "falas para me arrancar, uma segunda vez, a palavra impensada! Bons deuses! A fim de conseguir de mim a permissão para o tribunal de sangue".

"Não te lisonjeio", respondeu seriamente, "tenho direito de fazer o que queres impedir, e que não é nada comum! Respeita-o!"

Um fogo em seus olhos me curvou, derrubando-me como um mandamento divino. Senti-me envergonhado para dirigir-lhe uma outra palavra.

Eles não farão isso, pensei, eles não podem. É por demais insensato abater como um animal de sacrifício uma vida tão magnífica. Essa crença me serenou.

Era propriamente um ganho ainda poder ouvi-lo na noite seguinte, enquanto cada um preparava a sua própria viagem, e passear, antes do romper do dia, a fim de ficarmos ainda uma vez juntos e sozinhos.

"Sabes", disse ele, "por que eu nunca dei atenção para a morte? Sinto em mim uma vida que nenhum deus criou e que nenhum mortal engendrou. Acredito também que somos por nós mesmos, e que somente por livre e espontânea vontade é que nos ligamos intimamente à totalidade".

"Algo assim nunca tinha ouvido de ti", respondi.

"O que seria", prosseguiu, "o que seria esse mundo se não uma consonância de essências livres? Se não fosse a partir de um alegre ímpeto próprio que os vivos, desde o começo, interagissem numa vida cheia de harmonia, tudo não seria árido e frio? Não seria tudo uma obra sem coração?"

"Então seria verdade, no sentido mais elevado", respondi, "que sem liberdade tudo é morte".

"Certamente", respondeu, "pois nem sequer uma palha pode crescer se nela não residir um germe próprio de vida! Quanto mais em mim! E por isso, meu caro, porque sou livre no sentido mais elevado, porque me sinto sem começo, por isso, acredito-me infinito e indestrutível. Se foi a mão de um oleiro que me fez, então ele deve estilhaçar o vaso como lhe apetecer. Mas o que vive não deve ser engendrado, deve ser, em seu germe, natureza divina, mais sublime do que toda força e toda arte, e, por isso, inviolável, eterno.

Cada um com seus mistérios, Hipérion! Com seus pensamentos secretos. Esses foram os meus desde que eu penso.

O que vive é indelével, permanecendo livre mesmo em sua forma mais escrava, permanecendo uno. É intacto mesmo quando o divides até o fundo, e, mesmo que o dilaceres até o âmago, a sua essência escoa, vitoriosa, entre as mãos. – Mas já sopra o vento da manhã. Nossos barcos estão prontos. Ó meu Hipérion! Superei essa prova. Tive de pronunciar, sobre mim mesmo, a sentença de morte para o meu coração e nos separar, eu e tu, amado de minha vida! Sê cuidadoso comigo, nesse momento. Poupa-me a despedida! Que sejamos breves! Vem!"

Um calafrio percorreu minhas pernas quando ele assim começou.

"Ó, pela tua fidelidade, Alabanda!", clamei, ajoelhando-me diante dele, "É preciso que seja assim, é preciso? Atordoas-me de modo inaudito, lanças-me na vertigem da perplexidade. Irmão! Não me deixaste muita lucidez para que te possa perguntar aonde irás?"

"Não devo nomear o lugar, querido coração!", respondeu. "Talvez possamos nos rever".

"Rever?", indaguei. "Já me sinto mais rico de fé! E ficarei cada vez mais rico e isso, de tal modo, que por fim tudo será fé para mim".

"Amigo!", exclamou, "Deixa-nos quieto onde as palavras nada podem ajudar! Deixa-nos terminar virilmente! Arruínas para ti o último instante".

Aproximamo-nos do porto.

"Ainda uma coisa!", disse ele, quando estávamos perto de seu navio. "Saúda tua Diotima! Amai-vos! Sede felizes, almas da beleza!".

"Ó meu Alabanda! Por que não posso ir em teu lugar?"

"Tua missão é mais bela", respondeu. "Deves guardá-la! A ela pertences, e de agora em diante aquele ser afável é o teu mundo – Ah, porque nenhuma felicidade é sem sacrifício, toma a mim, ó destino, como sacrifício e concede aos amantes as suas alegrias!"

Seu coração começou a subjugá-lo com violência e ele me largou, pulando para o navio de modo a abreviar, tanto para mim como para ele, a despedida. Senti esse instante como um estrondo de tempestade, seguido de noite e de um silêncio de morte. Em meio a esse aniquilamento, porém, minha alma ergueu-se para retê-lo, o amigo que se separa, e meus braços acenaram de si mesmos para ele. "Ai! Alabanda! Alabanda!", clamei, e do barco ouvi um surdo adeus.

Hipérion a Belarmino

Por um acaso, o barco que deveria transportar-me até Calauria só partiu à tardinha, após a manhã em que Alabanda tomou o seu caminho.

Permaneci na margem, olhando silenciosamente, hora após hora, o mar, exausto das dores da despedida. Meu espírito recordava os dias de sofrimento em que a minha juventude morria lentamente e, errante como as belas andorinhas, pairava sobre o porvir. Querendo me fortalecer, tomei minha lira de há muito esquecida a fim de cantar para mim mesmo uma canção do destino, a que outrora, na incompreensível felicidade da juventude, repetirá para o meu Adamas.

No alto, caminhais à luz
 Sobre um chão macio, gênios aventurados!
  Ares divinos, resplandecentes
   Vos tocam com leveza,
    Como os dedos da artista,
     Cordas do sagrado.

Sem destino, como o sono
 De um recém-nascido, respiram os celestes.
  Casto e preservado,
   Na modéstia dos brotos,
    Floresce-lhes eternamente
     O espírito,
      E os olhos aventurados
       Contemplam em calma
        A eterna claridade.
Mas a nós foi dado
 Não descansar em lugar algum,
   Desaparecem, caem
    Os homens sofredores
     Cegamente, de uma hora para a outra,
      Como a água, de penhasco
       Em penhasco, lançados,
        Ao longo dos anos, no incerto.

Assim cantei nas cordas. Mal havia terminado, entrou um mensageiro, que reconheci como meu criado, trazendo-me uma carta de Diotima.

"Ainda te encontras na terra?", escreveu, "Ainda vês a luz do dia? Pensei encontrar-te em um outro lugar, meu amado! Recebi mais cedo do que desejaste a carta escrita antes da batalha de Cesme, vivendo toda uma semana na crença de que te havias lançado nos braços da morte, até que teu criado chegou com a alegre notícia da tua vida. Alguns dias após a batalha, soube que o navio em que deverias estar explodira nos ares com toda a tripulação.

    Mas, ó doce voz! Ainda posso te ouvir mais uma vez; a língua do amor ainda me toca mais uma vez como o ar de maio, e tuas belas alegrias de esperança; o fantasma afável de nossa felicidade futura chegou a iludir-me por um instante.

    Querido sonhador, por que devo ser eu a te despertar? Por que não posso te dizer vem, e torna verdade os belos dias que me prometeste? Mas é tarde demais, Hipérion, tarde demais. Tua jovem feneceu. Desde a tua partida, um fogo me vem consumindo paulatinamente e, agora, só me resta muito pouco. Não te decepciones! Tudo se apura naturalmente e, por toda parte, sopram as flores da vida cada vez mais livres da matéria grosseira.

    Hipérion, meu mais amado! Não podias acreditar que ouvirias nesse ano meu canto de cisne.

    Começou logo que partiste e ainda no dia da despedida. Meu espírito foi tomado por uma força apavorante, uma vida interior diante da qual a vida da terra empalidecia e desvanecia, como lamparinas na aurora – posso assim dizer? Gostaria de ter ido a Delfos e construído, para o deus do entusiasmo, um templo entre os rochedos do antigo Parnasso e, como uma nova Pítia, inflamar o povo adormecido com sentenças divinas. Pois minha alma sabe que todos aqueles abandonados pelos deuses haveriam de abrir os olhos para a boca virgem e desdobrar a fronte tola de tão poderoso que era em mim o espírito da vida! Todavia, os membros mortais foram se tornando mais e mais cansados e a gravidade da angústia declinou-me indelevelmente. Ah, muitas vezes, na quietude de meu caramanchão, chorei pela juventude das rosas! Elas murchavam, murchavam, e somente as lágrimas avermelhavam o rosto da tua jovem. Restavam ainda as flores de outrora. Era o caramanchão de outrora – quando ali de pé encontrava-se a tua Diotima, a tua criança, Hipérion, diante de teus olhos felizes, uma flor entre as flores e as forças da terra e do céu nela se reuniam pacificamente. Agora ela caminhava, uma estranha entre os brotos de maio, as suas confidentes, as plantas bem-amadas, aquiesciam-lhe amigavelmente, mas ela só podia entristecer-se. Todavia, não negligenciei nenhuma sequer, despedindo-me de cada um dos jogos juvenis, dos bosques, das fontes e das colinas sussurrantes.

Ah! Muitas vezes, com um cansaço doce e grave, cheguei a subir, enquanto pude, até o alto onde tu habitaste em casa de Notara. Falei sobre ti com esse amigo, com o ar mais descontraído possível, a fim de que ele nada te escrevesse sobre mim. Quando, porém, o coração tornava-se por demais sonoro e palpitante, a hipócrita imiscuía-se no jardim, e eis que me via naqueles campos sobre o rochedo onde contigo contemplava o fundo e a natureza aberta. Ah! Onde me erguia, sustentada pelas tuas mãos, guardada pelos teus olhos, no primeiro arrepio do calor amoroso, cheia do desejo de transbordar como um vinho de sacrifício a alma efervescente no sem fundo da vida. Vagueava, então, lamentando para os ventos a minha dor, e, como um pássaro acanhado, meu olhar errante quase não ousava contemplar a terra da qual deveria separar-me.

Foi o que aconteceu com a tua jovem, Hipérion. Não perguntas como? Não tentes esclarecer para ti essa morte! Quem pensa em fundamentar um tal destino acaba amaldiçoando a si e a tudo o mais. Mas nenhuma alma é culpada.

Devo dizer que o desgosto me matou? Oh, não! Oh, não! Esse desgosto foi para mim bem-vindo, pois deu à morte, que já carregava dentro de mim, figura e graça. Morres em honra do teu amado, era o que dizia a mim mesma.

Ou será que minha alma, por demais amadurecida nos entusiasmos de nosso amor, não mais podia suportar, como um jovem arrogante, a modéstia de sua província natal? Fala! Foi a exuberância de meu coração que me cindiu da vida mortal? Será que a natureza em mim, ó magnífico, tornou-se demasiado orgulhosa para continuar a se lançar nesse planeta mediano? Mas se tu a ensinaste a voar por que também não ensinas minha alma a retornar para ti? Se acendeste no fogo o amor pelo éter, por que não me resguardas? – Escuta-me, amado, pela causa da tua alma! Não te culpes pela minha morte!

Poderias deter-me quando o teu destino aponta para o mesmo caminho? E se na luta heroica de teu coração me tivesses pregado – Basta, criança! Destina-te para o tempo – não terias sido o mais vaidoso de todos os vaidosos?

Quero dizer-te precisamente o que penso. Teu fogo vivia em mim, teu espírito transferiu-se para mim. Mas isso dificilmente significaria um dano. Somente o teu destino é que fez de minha nova vida uma morte. Através de ti minha alma foi demasiado forte, e através de ti ela voltaria novamente a serenar-se. Retiraste minha vida da Terra, mas terias tido o poder de me acorrentar à Terra, de segurar minha alma, como num círculo mágico, em teus braços protetores. Ah! Um só dos olhares de teu coração me deteria, uma só de tuas palavras amorosas me devolveria àquela criança alegre e saudável. Tendo, porém, o teu próprio destino te arrastado para a solidão do espírito como o córrego de água para o topo da montanha, e ao ouvir e crer plenamente que a intempérie da batalha explodira o teu cárcere, e que meu Hipérion teria voado para o alto da liberdade, isso decidiu sobre mim. E logo encontrarei o fim.

Falei demais, embora tenha sido, na calma do silêncio, que morreu a grande romana[26] enquanto o seu Brutus travava uma luta de morte pela sua pátria. O que poderia fazer de melhor em meus últimos dias de vida? – Sinto também e sempre o ímpeto de falar. Minha vida foi silenciosa, minha morte eloquente. Basta!

---

26   **N.T.:** Achando que Brutus havia morrido em batalha, sua companheira Porcia, filha do republicano Cato Uticensis, quis também morrer. Seus amigos tentaram então impedir o ato desesperado e não a deixaram um instante sequer sem vigilância. Ela, porém, encontrou um caminho para a morte engolindo um pedaço de carvão aceso. Cf. o relato de Plutarco sobre Brutus. Shakespeare relata a história de Porcia em seu *Júlio Cesar*.

Só mais uma coisa devo ainda dizer-te.

Tinhas de sucumbir, tinhas de duvidar, mas o espírito te salvará. Nenhum loureiro, nenhuma coroa de murta poderá te consolar. Só o Olimpo, o vivo, presente, que te floresce na eterna juventude e em todos os sentidos. A beleza do mundo é meu Olimpo. Nele viverás e com a essência sagrada do mundo, com os deuses da natureza, com estes é que serás feliz.

Ó, sede bem-vindos, vós, os bons, os fiéis! Vós que nos fazeis uma falta tão profunda, vós, os renegados! Crianças e os mais antigos! Sol, terra e éter com todas as almas vivas que vos circundam de jogos e de amor eterno! Oh, levai todos os homens, esses perseguidores do todo, levai esses fugitivos de volta para a família dos deuses, acolhei-os no lar da natureza, de onde escaparam!

Reconheces essas palavras, Hipérion! Foste tu quem as iniciaste dentro de mim. Tu, porém, haverás de cumpri-las em ti e, só então, repousar.

Para mim já basta morrer na alegria como uma jovem grega.

Os pobres coitados que nada conhecem a não ser o trabalho dos feitos, que só servem à necessidade e envergonham o gênio e não te celebram, vida pueril da natureza! Estes podem temer a morte. Pois o seu jugo tornou-se o seu mundo. Nada sabem de melhor do que a escravidão de seus serviços. Receiam a liberdade dos deuses que a morte nos oferece?

Mas eu não! Superei a obra incompleta que as mãos humanas realizaram, senti a vida da natureza, que é maior do que todos os pensamentos. – Se eu também me tornasse uma planta, seria o dano tão grande? – Eu serei. Como poderia perder-me da esfera da vida onde o amor eterno, comum a todos, contém todas as naturezas? Como poderia desligar-me do elo que abraça todos os seres? Ele não se parte tão facilmente como o desenlace do tempo. Não é como um dia de mercado em que o povo concorre, grita e se atropela. Não! Pelo espírito que nos une, pelo espírito divino que a cada um de nós é próprio e em todos comunhão, não! Não! No elo da natureza, fidelidade não é sonho. Separamo-nos apenas para sermos mais intimamente unos, divinamente pacíficos com tudo, conosco. Morremos para viver.

Eu serei. Não pergunto o quê. Ser, viver, isso basta, é a honra dos deuses. Por isso, no mundo divino, tudo o que é somente uma vida é sempre o mesmo, não havendo nem senhor e nem escravo. Os seres vivem uns pelos outros como amantes. Em comunhão possuem tudo, espírito, alegria e eterna juventude.

Consistência foi o que escolheram as estrelas, o que sempre escolhem na quieta plenitude da vida, desconhecendo a idade. É na alternância que apresentamos a perfeição. Em melodias cambiantes, dividimos os grandes acordes da alegria. Vivemos como harpistas, cercando os tronos dos mais antigos, nós mesmos divinos, cercando os serenos deuses do mundo. E com as canções efêmeras da vida abrandamos a seriedade venturosa do deus do Sol e de outros.

Olha o mundo! Ele não é como um cortejo de triunfo transformador onde a natureza celebra a eterna vitória sobre toda degeneração? Não é para glorificar que a vida arrasta consigo a morte numa corrente de ouro, como outrora fazia o general com os reis capturados? E nós, nós somos como as virgens e os jovens que, com dança e canto, em formas e tons cambiantes, acompanham o cortejo majestoso.

Deixa-me calar agora. Falar mais seria demasiado. Decerto nos reencontraremos.

Jovem triste! Logo, logo, serás feliz. O teu loureiro ainda não está maduro, e tuas murtas florescem, pois serás sacerdote da natureza divina e em ti já germinam os dias poéticos.

Oh, se pudesse te ver em tua futura beleza! Adeus".

Recebi ao mesmo tempo uma carta de Notara que dizia:

"No dia em que te escreveu pela última vez, ela ficou totalmente tranquila. Disse ainda algumas poucas palavras, disse também que preferia separar-se no fogo da terra a ser sepultada, e que deveríamos reunir numa urna as suas cinzas e depositá-las na floresta, no lugar em que tu, ó meu caro, a encontraste pela primeira vez. Logo depois, quando começou a escurecer, ela nos disse boa noite como se quisesse dormir e abandonou os braços em torno da bela cabeça. Até pela manhã ouvimos a sua respiração. Quando silenciou inteiramente e nada mais ouvi, aproximei-me dela e escutei.

Ó Hipérion! O que posso mais dizer? Acabou e nossos lamentos não puderam mais despertá-la.

É um mistério tenebroso que uma vida assim precisasse morrer, e confesso-te que eu mesmo, depois de tudo isso, nada mais compreendo e nem possuo mais nenhuma fé.

Mas é sempre melhor uma morte bela, Hipérion, a essa vida tão indolente como a nossa agora.

Rechaçar as moscas, esse será futuramente o nosso trabalho. E roer as coisas do mundo como fazem as crianças com as raízes secas da figueira. Essa será por fim a nossa alegria. Envelhecer perto dos povos jovens parece-me um prazer; envelhecer demais porém quando tudo já envelheceu é pior do que qualquer outra coisa.

Quase te aconselho, meu Hipérion, a não vires até aqui. Conheço-te bem, haverias de enlouquecer. Ademais, aqui não estás seguro. Meu caro, pensa na mãe de Diotima, pensa em mim e te cuida!

Quero confessar-te que me arrepio ao pensar sobre o teu destino. Mas creio também que o verão escaldante não resseca as fontes profundas, somente as poças rasas de chuva. Eu te vi naqueles instantes, Hipérion, em que me parecias um ser elevado. Estás em provação, e é preciso que se mostre quem és. Adeus".

Assim escreveu Notara. E me perguntas, meu Belarmino, como me sinto agora quando conto tudo isso?

Meu melhor amigo! Sinto-me mais tranquilo, pois nada quero possuir de melhor do que os deuses. Tudo não deve sofrer? E, quanto mais oportuno, mais profundo! A natureza sagrada também não sofre? Ó minha divina! Que pudesses sofrer tanto quanto foste feliz. Por muito tempo não o pude compreender. Mas a delícia que não sofre é sono, e sem morte não há vida. Deverias ser eterna como uma criança e adormecer à semelhança do nada? Privar-se da vitória? Não percorrer todas as perfeições? Sim! Sim, é valioso que a dor respouse no coração dos homens e que seja fiel a ti, natureza! Pois é a dor que nos leva de uma delícia para outra, não possuindo nenhuma outra companheira do que ela mesma.

Quando comecei a reviver, escrevi a Notara da Sicília, para onde me levou primeiramente um navio de Paros:

"Eu a ti obedeci, meu caro! Estou bem longe de ti e quero apenas dar-te notícias. Para mim, porém, é difícil a palavra, devo confessar. Os aventurados, entre os quais Diotima agora se encontra, não falam muito. Em minha noite, no fundo dos aflitos, também cessou o discurso.

Minha Diotima morreu uma morte bela. Tens razão. Isso é também o que me desperta e me devolve a alma.

Não mais retorno para o mundo de outrora. Sou um estranho, como os insepultos ao chegarem do Aqueronte.[27] E mesmo que estivesse em minha ilha natal, nos jardins de minha juventude, aqueles que meu pai me proibiu, ah!, ainda assim, ainda assim, seria um estranho sobre essa terra, e nenhum deus poderia mais ligar-me ao passado.

Sim! Tudo passou. Devo me dizer isso com frequência, devo assim firmar a alma para que ela se acalme e não se esquente com tentativas infantis e disparatadas.

Tudo passou. Se eu também conseguisse chorar, bela divindade, como choraste certa vez perto de Adonis, mas a minha Diotima não voltaria para mim, e a palavra de meu coração perderia sua força, pois só o ar me escuta.

Ó Deus! E eu que nada sou, e o mais comum dos artesãos pode dizer que fez mais do que eu! Os pobres de espírito po-

---

27 **N.T.:** Referência ao Canto 11 da *Odisseia* de Homero.

dem consolar-se rindo e repreendendo os meus sonhos porque os meus atos não amadureceram, porque meus braços não estão livres, porque meu tempo se assemelha ao do Procrusto enfurecido: aos homens que aprisionava, lançava num berço de criança e lhes cortava os membros para que coubessem no pequeno leito.

Não fosse por demais desconsolado lançar-se sozinho na multidão enlouquecida e ser por ela dilacerado! Mas seria preciso que um sangue nobre não se envergonhasse de misturar-se com sangue escravo! Ó, se houvesse uma bandeira, deuses!, a que pudesse servir meu Alabanda, uma Termópilas, onde eu pudesse honradamente ensanguentá-la com todo o amor solitário que em mim nunca foi de muita valia! Melhor seria ainda se eu pudesse viver, viver nos novos templos, na nova assembleia da Ágora de nosso povo, capaz de aquietar com alegria toda grande aflição. Mas devo calar-me, pois, ao pensar em tudo isso, só consigo esvaziar em lágrimas toda a minha força.

Ah, Notara! Eu também me esgotei. Minha própria alma está estragada porque devo recriminá-la pela morte de Diotima, e os pensamentos de minha juventude, a que eu tanto atentei, não têm para mim mais nenhum valor. Eles envenenaram minha Diotima!

Diz-me somente onde encontrar um refúgio. – Ontem estive no alto do Etna. Lembrei-me do grande siciliano que outrora cansado de contar as horas, confiante na alma do mundo, na coragem alegre de sua vida, lançou-se nas chamas magníficas, pois, como disse um gozador, o frio poeta precisa esquentar-se no fogo.[28]

---

28   Referência a Empédocles. Antes mesmo de finalizar o *Hipérion*, Hölderlin já havia começado a escrever o drama elegíaco *A morte de Empédocles*. O gozador aqui mencionado é Horácio, que, em sua *Arte Poética*, escreveu: *"Siculique poetae narrabo interitum: dues immortalis haberi dum cupit Empedocles, ardentem frigidus Aetnam insiluit"* – Contarei a morte do poeta siciliano. Querendo ser considerado um deus imortal, Empédocles, já frio, lançou-se no Etna ardente (v. 463-466).

Ó, como gostaria que uma tal gozação a mim se dirigisse! Mas é preciso atentar para si mesmo de modo mais elevado do que o faço para voar sem ser chamado até o coração da natureza ou como quiseres chamar. Pois realmente! Como eu agora sou, não possuo nome algum para as coisas, e tudo me é incerto.

Notara, mas dize-me, onde ainda existe um refúgio?

Nas florestas de Calauria? – Sim! Lá, na verde obscuridade onde se erguem nossas árvores, na fidelidade de nosso amor, onde como um crepúsculo a ramagem cai perecendo sobre a urna de Diotima e suas belas copas inclinam-se sobre a urna de Diotima, envelhecendo com vagar até que também recaiam sobre as cinzas amadas. Aí, aí, acredito, poderia habitar inteiramente!

Mas tu me aconselhaste a ficar longe, acreditas não ser seguro em Calauria, que assim seja.

Bem sei que me dirás para seguir até Alabanda. Mas escuta! Ele está destruído! Também o tronco sólido e esbelto está esmagado, e os patifes recolherão as lascas de madeira para levantar um fogo divertido. Ele se foi. Ele possui alguns bons amigos que o consolarão, que são inteiramente capacitados para ajudar àquele cuja vida flui com dificuldade. Ele partiu para visitá-los, e por quê? Porque do contrário nada lhe restaria a fazer ou, se queres saber tudo, porque uma paixão corrói o seu coração. Sabes por quem? Por Diotima, que ele acredita ainda em vida, comigo esposada e feliz – pobre Alabanda! Agora ela pertence tanto a ti como a mim!

Ele se dirigiu para o leste e eu, eu navego para o noroeste porque assim querem as circunstâncias.

E agora, adeus, a todos vós! A todos vós, tão caros, que repousam em meu coração, amigos de minha juventude, e a vossos pais e a todos vós, amados gregos, os sofredores!

Vós, os ares, que me alimentastes a meiga infância, e vós, obscuras florestas de loureiro, vós, penhascos nas margens, vós, águas majestosas, que ensinastes meu espírito a intuir a vossa grandeza – Ah! Vós, imagens da tristeza e luto, vós, com quem se ergueu minha melancolia, muros sagrados com que se acinturavam as cidades heroicas, e vós, portais antigos, que alguns belos peregrinos atravessaram, vós, colunas dos templos, poeira dos deuses! E tu, Diotima! E vós, vales de meu amor, vós, riachos que contemplaram a figura aventurada, vós, as árvores, em que ela se alegrou, vós, primaveras, em que ela viveu a afeição pelas flores, oh!, não me abandoneis, não me abandoneis! Se assim deve ser, oh! doces lembranças, então também deveis perecer e me deixar, pois o homem nada pode mudar, e a luz da vida vem e se despede segundo a sua vontade".

Hipérion a Belarmino

Foi assim que cheguei entre os alemães. Não esperava muito e espantei-me de encontrar ainda menos. Cheguei humildemente como o cego Édipo desterrado no portal de Atenas, onde o bosque divino o acolheu e almas belas vieram ao seu encontro.

Comigo foi tão diferente!

Bárbaros de milênios, tornados ainda mais bárbaros pela destreza, pela ciência e mesmo pela religião, profundamente incapazes daquele sentimento do divino, corrompidos até o fundo para receberem a felicidade das graças sagradas, praticando no maior grau do exagero e da miséria ultrajes contra qualquer alma de boa índole, estúpidos e desarmoniosos como os cacos de um vaso estilhaçado – Esses, meu Belarmino, foram os meus consoladores.

São palavras duras, mas as pronuncio por serem verdadeiras. Não consigo lembrar um outro povo tão dilacerado como os alemães. Artesãos, vê bem, mas não homens, pensadores, mas não homens, padres, mas não homens – não é como um campo de batalha onde sobre o chão se dispersam mãos e braços e todos os membros esquartejados enquanto escorre pela areia o sangue da vida derramada?

A cada um o seu cuidado, dirás, e eu também o digo. Só que cada um deve cuidar com a alma inteira, não deve asfixiar dentro de si cada força quando esta não se ajusta com precisão ao seu título. Não deve ser, com mesquinhez, hipocrisia e literalidade, somente o que se chama, deve ser o que é com integridade e amor, pois é assim que o espírito vive em todo o seu fazer. E, ao se ver forçado a uma especialidade, em que nem mesmo pode viver, o espírito deve então desprezá-la e aprender a cultivar! Os teus alemães preferem contudo permanecer no mais necessário e, por isso, neles já se cumpre tanto trabalho ignorante, tão pouca liberdade e alegria autêntica! Mas toda essa dor poderia ser aproveitada se, nesses homens, o sentimento pela beleza da vida não estivesse tão esvaziado, se em toda parte nesse povo não vigorasse a ira de uma natureza renegada que faz deles os abandonados pelos deuses.

As virtudes dos antigos não passaram de erros flagrantes, disse certa vez não sei que língua maldosa. Mas esses erros são justamente as suas virtudes, pois nos antigos vive ainda um espírito pueril e belo, e tudo o que fizeram não chegariam a fazer se não tivessem alma. As virtudes dos alemães são ao contrário o mal brilhante e nada mais. Não passam de indigência, de medo covarde, de esforço escravo, já que surgem do deserto dos corações, deixando desconsolada toda alma pura que ama alimentar-se do belo. Ah! Toda alma pura e mimada pela sagrada harmonia dos seres nobres, que não suporta a nota falsa que grita na ordem morta desses homens.

Eu te digo: nesse povo, nada há de sagrado que não seja profanado, que não seja aviltado por atitudes miseráveis. Mesmo aquele que entre selvagens mantém-se puro e divino, esses bárbaros, esses calculadores de tudo, dirigem como se dirigissem um artefato. E não poderiam fazer diferente, pois, uma vez adestrado, o ser humano só serve à sua meta, só busca a utilidade, e não mais se deixa exaltar! Deus nos guarde! Permanece preso à lei e quando celebra, quando ama, quando ora e mesmo quando a festa amável da primavera, quando o tempo reconciliador do mundo redime toda preocupação e a inocência encanta um coração culpado, quando, extasiado pelos raios calorosos do Sol, o escravo se esquece, feliz, de suas correntes, quando o ar animado pelos deuses ameniza os inimigos dos homens, tornando-os pacíficos como as crianças – mesmo quando a lagarta se enche de asas e as abelhas formam seus enxames, os alemães continuam em suas especialidades e nem prestam atenção ao tempo que está fazendo!

Mas haverás de julgar, natureza sagrada! Pois se ainda fossem modestos, esses homens, e não se pesassem como lei para os melhores dentre eles! Se ao menos não difamassem o que não são e querem tanto difamar, se ao menos não ridicularizassem o divino!

Ou não é divino o que ridicularizais e chamais de desalmado? O ar que bebeis não é bem melhor do que vossa tagarelice? Os raios do Sol não são mais nobres do que todos os vossos sábios? Os vossos bosques refrescam-se nas fontes da terra e no orvalho da manhã. Seríeis capazes disso? Ah! Matar é o que podeis, mas não fazer viver, pois isso é o amor que faz, o amor, esse que não provém de vós, que não é vossa descoberta. Cuidais e vos empenhais em fugir do destino, mas não percebeis quando a vossa arte infantil de nada adianta. Enquanto isso, as estrelas caminham, candidamente, no alto. Tornais indigna, dilacerais a natureza tolerante ao passo que ela vos tolera e prossegue vivendo, na juventude infinita. Pois não podeis dirigir o seu outono e a sua primavera e nem deteriorar o seu éter.

Ó, ela deve ser divina porque precisais destruí-la. Mesmo assim ela não envelhece. Apesar de vós, o belo permanece belo!

Também é de dilacerar o coração ver os vossos poetas, os vossos artistas e todos que ainda atentam ao gênio, que amam o belo e o cultivam. Os bons! Eles vivem no mundo como estranhos na própria casa, são tão justos como o paciente Ulisses que, vestido de mendigo, se sentava à porta de sua própria casa enquanto os livres desavergonhados gritavam no salão, indagando quem trouxera aquele vagabundo.

Cheios de amor, espírito e esperança crescem, entre o povo alemão, os diletos das musas. Vendo-os, porém, sete anos depois, eles caminham como sombras, quietos e frios. São como o solo em que o inimigo semeou o sal para que nele jamais cresça sequer uma palha. E quando falam, ai! Só os compreendem aqueles que à semelhança das artes de Proteu apenas veem em sua atormentada força titânica a luta desesperada que o seu belo espírito destruído trava com os bárbaros, esses com os quais têm a ver.

Na Terra, tudo é tão imperfeito, essa é a antiga canção dos alemães. Se a esses abandonados pelos deuses alguém disser que para eles tudo é imperfeito porque as suas mãos grosseiras não conseguem deixar de corromper o que é puro, não conseguem deixar intocado o sagrado, que neles nada é capaz de prosperar porque não sabem respeitar a raiz do prosperar, a natureza divina? E se a vida lhes parece insípida, cheia de preocupações e discórdia fria e calada, é porque desprezam o gênio, a força e a nobreza em cada fazer humano, porque desprezam o contentamento na dor e no amor, que confere fraternidade às cidades e às casas.

É por isso que temem tanto a morte. Sofrem todas as infâmias em razão dessa vida de ostras, porque não conhecem nada de mais elevado do que as obras malfeitas de sua eficiência.

Ó Belarmino! Onde um povo ama a beleza, onde venera o gênio em seus artistas, aí sopra como ar da vida um espírito universal, aí se entreabre a timidez do sentido capaz de dissolver a soberba. Aí todos os corações são grandes e piedosos, e o entusiasmo gera heróis. A terra natal dos homens está num povo assim. Nela, um estranho ama demorar-se. Onde, porém, a natureza divina e os artistas se veem tão ultrajados, ah!, aí tornou-se ausente o melhor prazer da vida, e qualquer outro planeta é melhor do que a Terra. Aí os homens tornam-se cada vez mais desertos, mais desolados, não obstante todos nascerem belos. Cresce o sentido da escravidão e com ele o ânimo grosseiro, crescem o êxtase das preocupações, a exuberância da fome e a angústia da subsistência. A bênção de cada ano torna-se maldição, e os deuses põem-se em fuga.

Ai do estranho que caminhando por amor chega a um povo assim! Ai três vezes daquele que como eu, movido pela dor imensa, um mendigo de minha espécie, chega a esse povo!

Basta! Tu me conheces, bem entenderás, Belarmino! Falei também em teu nome, falei por todos que estão nessa terra e sofrem como lá sofri.

Hipérion a Belarmino

Queria sair da Alemanha. Nada mais tenho para buscar junto a esse povo. Já adoeci o suficiente por ultrajes indeléveis. Não gostaria que minha alma terminasse sangrando junto a esses homens.

Mas a primavera celeste me deteve. Era a única alegria que me restara, meu último amor; como podia então pensar em outras coisas e abandonar a terra onde ela também se encontrava?

Belarmino! Jamais havia experimentado com tamanha totalidade aquela antiga e sólida palavra do destino de que o coração só vê nascer uma nova ventura quando se detém e atravessa tolerante a meia-noite do sofrimento. De que, como o canto de rouxinóis na escuridão, é somente na dor profunda que a canção da vida do mundo nos entoa divinamente. Como se estivesse acompanhado de gênios, vivo, agora, com as árvores em flor. E os riachos translúcidos que correm ali embaixo murmuram, como vozes de deuses soprando a aflição de meu peito. Era o que acontecia comigo em toda parte, ó meu caro! – Quando repousava na grama e uma vida terna me cercava de verde, quando subia a colina quente onde crescera selvagem a rosa em torno do riacho de pedras, e mesmo quando navegava pela margem da corrente arejada e por todas as ilhas que ele encerra.

E quando pela manhã, muitas vezes, subia como os doentes até a fonte curadora, até o cume da montanha, atravessando flores adormecidas, enquanto ao meu lado, embebidos num sono doce, os pássaros amados voavam dos arbustos, cambaleando na penumbra, ávidos do dia, e o ar intenso já conduzia as preces dos vales, as vozes dos rebanhos e os sons dos sinos matutinos... E quando a luz elevada, cheia de contentamento divino, se aproximava da senda costumeira, tornando à terra mágica com a vida imortal que aquece o seu coração e devolve a todos os filhos o sentimento de seu ser – Oh, como a Lua que ainda se mantinha no céu para partilhar o prazer do dia, eu também permanecia de pé sozinho sobre a planície, versando, durante muito tempo, lágrimas amorosas dentro das margens, sem conseguir desviar os olhos das águas resplandecentes.

Ou, pela noitinha, quando alcançava o vale distante, em direção ao berço da fonte onde, num abraço, as escuras copas do carvalho sussurravam ao meu redor, e a natureza me sepultava em sua paz como se eu fosse um mortal sagrado, quando a terra se convertia em sombra, murmurando uma vida invisível entre os galhos e, sobre os cumes, repousavam nuvens vespertinas. E uma nuvem resplandecente de onde escorriam até mim os raios do céu como riachos d'água para dar de beber ao andarilho sedento.

Ó sol, ó ar, entre vós apenas vive meu coração, como entre irmãos!

Assim entregava-me cada vez mais à natureza sagrada, e quase que de modo demasiado infinito. Se pudesse, como tanto quis, tornar-me criança para ser-lhe mais próximo, se pudesse, como tanto quis, saber menos e tornar-me como o raio claro de luz, para ser-lhe mais próximo! Oh, sentir-me um instante em sua paz, em sua beleza, teria para mim mais valor do que os anos repletos de pensamento, do que todas as tentativas dos homens, esses perseguidores de tudo! O que aprendi derretia-se como gelo, o que fiz em vida e todos os projetos da juventude extinguiam-se em mim. Ó meus amados, vós, os distantes, mortos e vivos, como já fomos tão intimamente um!

Outrora, sentado a distância no campo perto de uma nascente, à sombra de rochedos verde-musgos onde pendiam arbustos em flor, conheci o mais belo meio-dia. Soprava uma brisa doce e, no frescor da manhã, resplandecia ainda a terra, e calma, no lar de seu éter, sorria a luz. Os homens haviam partido para descansar do trabalho na mesa caseira. O meu amor encontrava-se a sós com a primavera, e uma nostalgia inconcebível me preenchia. "Diotima", chamei, "onde estás, oh, onde estás?" Para mim, era como se ouvisse a voz de Diotima, a voz que outrora me encantara nos dias de alegria.

"Estou entre os meus", ela respondeu, "entre os teus que desconhecem o espírito errante dos homens!"

Um pavor terno apoderou-se de mim, e meu pensamento adormeceu em mim.

"Ó palavra amada da boca sagrada", disse eu, "já que agora redespertei, enigma amado, saberia então decifrar-te?".

E mais uma vez ainda revi a fria noite dos homens, arrepiei-me e chorei de alegria por ainda possuir tanta ventura. Pronunciei palavras que me compenetravam, mas eram como ruídos do fogo, que inflama e deixa as cinzas atrás de si.

"Ó natureza", assim pensei, "com teus deuses! Não sonho mais com as coisas humanas e digo: somente tu vives. E o que oprime os desassossegados parecia-me agora como pérolas de cera em tuas chamas!

Há quanto tempo eles passam sem ti? Oh, há quanto tempo que a multidão te repreende, nomeando com vulgaridade a ti e a teus deuses, os vivos, os calmos e aventurados!

Os homens caem de teus galhos como frutos podres. Oh, deixa-os sucumbir, pois assim haverão de retornar à tua raiz. E eu, ó árvore da vida, permite que possa verdejar novamente contigo e respirar o teu cimo com todos os teus galhos e brotos, pacífica e intimamente, pois todos nós crescemos da semente áurea!

Vós, fontes da Terra! Flores! Florestas, e vossas águias e tu, luz fraterna! Como é antigo e novo o nosso amor! – Livres somos nós, e não nos angustiamos com nos assemelhar ao que vem de fora. Como não haveriam de alterar-se os modos da vida? Mas amamos todos o éter, e é no fundo mais íntimo que nos assemelhamos a nós mesmos.

Também nós, também nós não estamos separados, Diotima, e as lágrimas versadas por ti não compreendem isso. Sons vivos é o que somos, consonantes em tua harmonia, natureza! Quem poderá desfazê-la? Quem pode separar os amantes?...

Ó alma! Alma! Beleza do mundo! Indestrutível! Arrebatadora! com tua eterna juventude! Tu és. O que é, então, a morte e todo sofrimento humano? – Ah! Muitas palavras vazias proferiram esses seres estranhos. Tudo, porém, acontece pela alegria e culmina na paz.

As dissonâncias do mundo são como contenda de amantes. A conciliação se dá em meio à luta, e tudo o que se separou de novo se reúne.

As veias separam-se e retornam ao coração, e a vida própria, eterna, iluminadora é tudo".

Assim pensei. A seguir, mais.

FORENSE UNIVERSITÁRIA

www.forenseuniversitaria.com.br
bilacpinto@grupogen.com.br

Impresso na Rotaplan Gráfica e Editora LTDA
www.rotaplangrafica.com.br
Tel.: 21-2201-1444